JN097215

マドンナメイト文庫

素人告白スペシャル 熟妻の不倫懺悔録

素人投稿編集部

第一章 飢えた人妻が牡の肉体を欲して

第二章 若茎を咥えこむ熟女のぬかるみ

第三章　男の欲望に抗えない淫らな女体

第四章　肉欲をむさぼる淫女たちの素顔

※投稿者はすべて仮名です

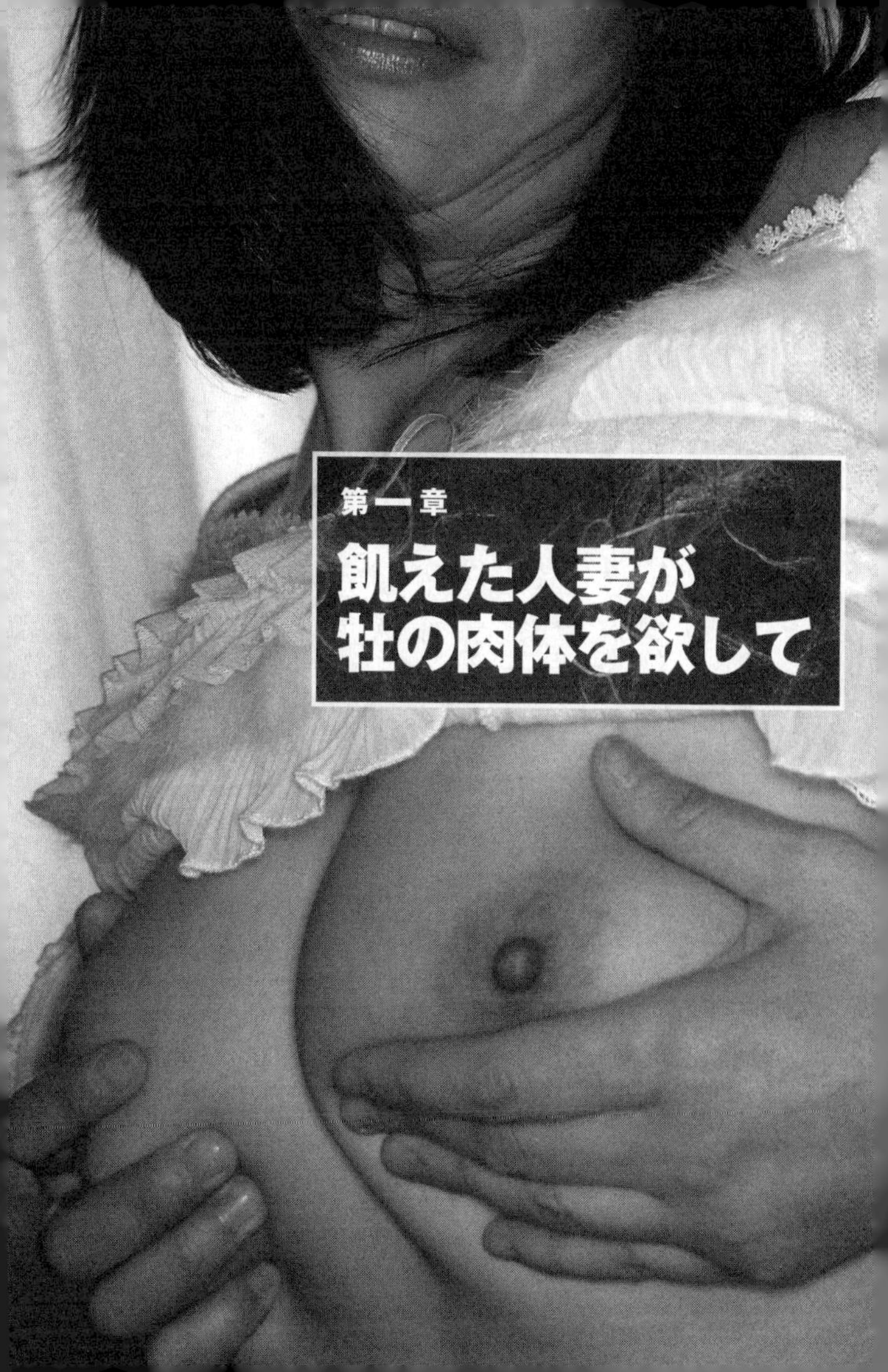

第一章

飢えた人妻が牡の肉体を欲して

夫がかわいがっている後輩を誘惑してしまい極太の勃起ペニスでこすられただけで……

水野祐実　主婦・四十七歳

現在の夫と知り合ったのは、いまから三年前のことです。

私が高校のときに初めてつきあった人、つまり初体験の相手がラグビー部の人だったせいか、ラガーマン体型の男性が大好きなんです。

ラグビー自体も好きで、大学時代はラグビー部のマネージャーをしていました。

野球やサッカーに比べて、どうしてもマイナーなスポーツのラグビーでしたが、二〇一五年のラグビーワールドカップで、日本は南アフリカに勝つという番狂わせを演じ、日本国内では「五郎丸《ごろうまる》ブーム」が巻き起こりました。

そのおかげで、東京のスポーツバーでもラグビーの試合を流してくれることが多くなって、ときどき昔のラグビー部女子マネ仲間で集まったりしていたんです。

そこでたまたま隣のテーブルに座ったのが、いまの夫のグループでした。向こうは会社のスポーツ好きが集まって飲みにきていたようでした。

その中でも夫は、見るからにラガーマン体型でした。しかも好みのゴリラ顔。チラチラ見ていたら夫も気になったようで、ばっちり視線が合ってしまいました。

「あ、失礼ですけど、ラグビーやっていらっしゃったんですか?」

「ええ、大学まで。でも、めっちゃ弱小チームです」

「もしかして、いまも?」

「まあ、趣味で草ラグビーを」

話してみたら同い年で、見てきた大学ラグビー、社会人ラグビーもまるっきりいっしょなので、ビックリするぐらい盛り上がってしまいました。

それからメールアドレスを交換して、ときどき会うようになりました。

でも、そのころはお互いに別の人と結婚していて、それぞれ家庭を持っていました。だからあくまでラグビー好きの仲間が立て前でしたが、本音では異性として意識していました。四十代半ばだというのに、会えるときは学生時代に戻ったようにときめいていました。たぶん夫もそうだったのではないでしょうか。

ですが、お互い大人ですから、家庭を壊すことなどできません。私はときどき会ってラグビーの話をするだけでいいと思っていたんです。

そんな関係が急展開したのは、去年、日本で開催されたラグビーワールドカップのときでした。

予選の二試合をいまの夫と観にいき、観戦したスコットランド戦に日本代表が勝って、全勝で決勝リーグに進むことが決まりました。試合後、会場中が歓喜の渦に包まれる中で、夫が私に言ったんです。

「俺、離婚したんだ」

「えっ……」

「ジャパンが勇気をくれたんだよ。前に進まなきゃって」

「……どういうこと？」

「ちゃんとケジメをつけてから言いたかったんだ……祐実《ゆみ》さん、よかったら俺とつきあってくれないか」

もう、私も自分を抑えることができませんでした。

スタジアムからラブホテルに直行して、私たちは結ばれたんです。

「あぁーっ、そこそこ、すごい、こんなの初めてっ！」

そして交わした夫のセックスは、予想以上のパワーでした。とても四十代とは思えない体力と精力で、ほとんど休憩もせずに三回も抱いてくれました。

当時の夫と何年もセックスレスだったせいもあるのでしょうか、私はほんとうにどうしようもないほど乱れてしまいました。何度イッたかわかりません。

やっぱり「運命の人」だったのだと、私は天にも昇る気持ちでした。

ただ、夫の誠実さにこたえるためには、私も離婚しなければいけません。まず関西の大学に通っている二十歳の娘に電話して、気持ちを打ち明けました。

「お母さんの人生なんだから、お母さんの好きにすればいいじゃない」

意外なほどあっさり理解を示してくれました。

さすがに前の夫に話すのは勇気がいりましたが、正直に言うしかないと思って「好きな人がいるから離婚したい」と告白すると、かなり驚いてはいましたが、取り乱すようなことはなく、やはり了承してくれました。

実は家庭に縛られていたのは私なんだと、ちょっと拍子抜けするほどでした。

すぐに離婚届を提出して、産婦人科に行って妊娠していないことを証明してもらって、そのまま夫と再婚しました。

新生活では毎日のように夫に抱かれて、ほんとうに女として新しい人生が訪れたようでした。

ただ、予想外だったのは、夫がしょっちゅう後輩を連れてくることでした。

「こいつ、この歳になっても独身でさ。飯食わせてやってよ」

そんな理由で、週に二度も三度も会社帰りに連れてくるんです。

大学のラグビー部の二学年下で、いまも同じ会社で働いているという男性でした。

同じラガーマン体型。でも、夫はバックス系のマッチョタイプで、その後輩は慎二《しんじ》くんというのですが、慎二くんは、がっしりどっしりのまさにフォワード体型なんです。顔は夫に輪をかけたゴリラ系のルックスでした。

実は私、独身時代に何人かのラガーマンとエッチしたことがあるんです。

それはみんな、バックスの人でした。心のどこかに、フォワードの人にも抱かれてみたいっていう願望があったのかもしれません。

いつしか私は、慎二くんをエッチな目で見ている自分に気がつきました。

毎日のように夫に抱かれることで、逆に、忘れかけていた私の性欲が、驚くほど強くなっているのは感じていました。いろんな男の人とセックスしてみたいという、淫らな妄想に悶々《もんもん》としていた独身のころに戻ったようだったんです。

だからといって、夫の後輩をそんな目で見るなんて……そう思えば思うほど、自分がどんどんイヤらしくなっていきました。

慎二くんのオチ○チンってどんな感じなんだろう？

やっぱり出し入れとか、すごく激しいのかな？

ああ、誘惑して、勃起させてみたい……。

ラガーマンは食べっぷりも飲みっぷりも豪快です。ビールをがぶがぶ飲みながら、私の作った料理をむさぼるように平らげていく慎二くんを見ながら、私はそんなことばかり考えていました。そしてとうとう私は、淫らな妄想を実行してしまったのです。

離婚と再婚を実現できた私は、精神的に大胆になってしまったのかもしれません。やらないで後悔するくらいなら、やってダメだったときに反省したほうがいいんだって……。

それは夫が地方出張の夜でした。夫の会社は事務機器メーカーです。全国に三カ所ある支店を統括する立場にある夫は、月に一、二度は出張があるんです。

夫が出張に出かけた日の夕方、私は慎二くんに電話をしてしまいました。

「知ってると思うけど、今日、うちの人が出張でいないの。なんか私、一人でいるのがさびしくて……慎二くん、今日もご飯食べに寄ってくれない？」

「いや、でも……じゃあ、先輩に聞いてから折り返し……」

慎二くんにその気がなかったら、ほんとうにご飯だけでもいいかと思っていたんですが、その反応は、慎二くんも私を女として意識している証拠でした。

「いいの、あの人には私から連絡しておくから。ね、いいでしょ」

「は、はあ、わかりました……」

夜の七時ごろ、慎二くんが夫のいないマンションにやってきました。

「ごめんね、急に呼び出して」

「いえ、そんなこと……あの、失礼します」

いつもと勝手が違って、慎二くんはすごく緊張しているようでした。

「もう、ご飯できてるから。とりあえず座って」

すでにダイニングテーブルの上には、いつも以上に料理を並べておいたんです。

「いっぱい食べてね。はい、まずはビール」

「あ、すいません。じゃ、いただきます！」

慎二くんは、グラスのビールをひと口で飲み干し、食べていなければ間が持たないというように、料理を次から次へと口に運びました。私は正面に座って空いたグラスにビールを注いでは、しばらくの間、その気持ちいい食べっぷりを眺めていました。

自分がやろうとしていることを考えると、手のひらに汗がにじみました。

やがて、さすがに慎二くんの食べるペースも落ちてきました。

「ねえ、慎二くん……」

私は必死で冷静を装《よそお》いながら言いました。

「いつも私の……お尻、エッチな目で見てるでしょ」

「ブッ！」と、慎二くんはほんとうにビールを吹き出してしまいました。

私は追い討ちをかけるように、カマをかけてみました。

「気づいてないと思ってるのかもしれないけど、あんなに見られたらわかるわよ」

慎二くんの顔がみるみる紅潮して、耳まで赤くなりました。

「それは、あの……なんというか、すいません」

ほんとうにそんなにエッチな目で見てくれてたなんて！ 私は慎二くんの反応にうれしくなってしまいました。もっと誘惑してもいいんだ。そう思いました。

「慎二くんは、彼女とか……そういう相手はいないの？」

「あ、ええ、いまはいません」

「ふ〜ん、だからあんなにエッチな目で……欲求不満かもしれないね」

そう言ってから、私は、テーブルの下でスッと正面に足を伸ばしました。

「お、奥さん、そんな……うぅ」

つま先でくすぐるように、すねやふくらはぎ、膝まで這い回らせました。

二人きりでは視線をそらすすべもなく、私たちは正面から見つめ合っていました。

真っ赤になったゴリラ顔は、私をさらに大胆にさせました。

「私のお尻を見ながら、何を考えてるの?」

「な、何をって言われても……あっ、奥さん」

私は慎二くんの膝の間に足を突っ込んで、内腿をなで回しました。そのまま何度も足を往復させて、どんどん慎二くんの両脚を広げていったんです。

「こ、こんなこと、先輩に知れたら……」

「大丈夫よ、慎二くんが黙ってれば。私は絶対に言わないから」

そして私は、とうとう足の裏を慎二くんの股間にぴったりと押しつけてしまいました。ズボンの生地を通しても熱くて、硬くて、すごいんです。私は腋の下がじっとりと汗ばんでくるのを感じながら、グイグイと押しつけました。

「あぁ、こんなに大きくなってるのね」

私は興奮して、指でペニスの輪郭を確認するように何度もなぞりました。

「こんなに大きくしちゃって、どうするつもり?」

「いえ、あの、どうするつもりも……」

慎二くんは身動きできないようで、逞しい体が固まっていました。

私は立ち上がって、慎二くんの左側に移動しました。そして右手を、テントのように張りつめたズボンの股間に伸ばし、浮き彫りになった亀頭をなで回しました。

「そんな、うっ、くぅぅ」

ドクドクと脈打つペニスの感触が、はっきりと伝わってきました。

「まさか私の中に、入れようと思ってるの？」

慎二くんはがっしりとした肉体をふるわせて、泣きそうな顔をしていました。

私はもう、慎二くんのオチ○チンが欲しくて仕方ありませんでした。ベルトをはずしズボンのファスナーを開いて、ブリーフごとペニスを握ってしまいました。

「も、もう許してください、奥さん」

「許すって、別に私、慎二くんをイジメてるんじゃないわ」

そう言いながら、火傷《やけど》しそうに熱い勃起をグイグイとしごきました。

「でっ、ですけど、これ以上はほんとうにもう……」

「じゃあ、私と、しなくていいの？」

夫も大きいほうだと思うんですが、握った感触で慎二くんのほうが二回りは太いのがわかりました。私は手指のピストンを繰り返しながら耳元で言いました。

「したいの？　したくないの？」

「そ、それは、あの……し、したいですけど」

「そう、したいなら……こっちにきて」

私は慎二くんをリビングに連れていきました。

「服を脱いで。全部よ。脱いだらソファに座って」

慎二くんは素直に全裸になって、ソファに腰をおろしてくれました。

服を着ていたときより、さらに逞しい肉体でした。盛り上がった肩、分厚い胸板、太い脚、そして、黒く筋張ったペニスが股間でビクビクしていました。

「私が気持ちよくしてあげる」

そう言って私は、慎二くんの両手を持ち上げていきました。

「そのまま慎二くんは、ジッとしてるのよ」

太い指を後頭部で組ませて、捕まった犯人のような姿勢を取らせました。

そして私は興奮する自分を焦らすように、慎二くんの頭をなで、頬を両手で包み、その両手を肩にすべらせて、指先を乳首におろしていきました。

「あ、あんっ」

指先で乳首をこすり上げると、慎二くんは女の子のような声を出しました。

「ふふっ、敏感なのね……エッチな乳首」

「あ、あっ、あぁぅ」

そんな痴女みたいなことはしたことがないのに、ゴリラ顔のラガーマンが恥ずかしそうに悶《もだ》える姿を見て、私はすっかり昂《たかぶ》っていました。

もっとエッチに悶えさせたくて、私は両手の指に唾液をたっぷりとまぶして、ヌルヌルとこすりつけるように慎二くんの乳首を転がしました。

「はぅ、あっ、奥さん、そんなに……あぅ」

頭の後ろに手を組んだ服従のポーズで、慎二くんがビクビクと体を弾ませました。

「いいのよ、もっと感じさせてあげる」

私はしゃがんで床に膝を着き、慎二くんの股間に顔を近づけていきました。

そそり立つペニスの根元を握って、亀頭に頬ずりしました。それから舌を伸ばしてペロペロと舐めて、亀頭をぱっくりと咥えてしまいました。

「ああぁ、お、奥さん……」

ただでさえ太いのに、慎二くんのペニスは亀頭のカリが張り出していました。

私はそこに唇を引っかけるようにして、口の中に唾液を溜めていきました。そのまま頭を振って亀頭を出し入れすると、大きさで口が閉まらず、口角から溢れた唾液がペニスをヌルヌルに濡らしました。

それが潤滑油《じゅんかつゆ》になって、根元を握る指の動きをスムーズにしました。

「うぅ、くううっ、気持ちいいです」

私はどんどん淫らなフェラチオに夢中になってしまいました。

ペニスを握る指の間からニョキッと突き出した亀頭に舌を絡めてしゃぶり、裏筋をゆっくりと舐め上げ、舌先で尿道口をほじり、カリにしゃぶりつきました。

それから深々とペニスを咥え込んで、ジュブジュブと出し入れしました。唇でペニスをしごくと、泡立った唾液がソファのシートまで流れていきました。

「せ、先輩にも……そんなふうにするんですか」

慎二くんの言葉に、私は驚いてペニスを吐き出してしまいました。

「やめてっ……そんなこと言うの」

「あ、すいません。俺、気持ちよくて、つい……」

「ううん、もう許してあげない」

私はそう言ってゆっくりと立ち上がりました。そのときはまだニットのワンピースを着ていました。すその中に両手を入れてショーツをおろしていきました。

「そのまま動いちゃダメよ」

そう言って私は、ソファに身を預け、後頭部に両手を回した慎二くんの腰を跨《また》ぐようにして、正面から抱っこするように太ももに腰をおろしました。

「あぁ、奥さんのお尻、柔らかいです」

「また、そんなこと言って。そういえば、私たちがこんなことになってるのは、慎二くんが私のお尻をエッチな目でジロジロ見てたからだったわね」

私は照れ隠しの言葉を並べながら、慎二くんの太ももに乗ったお尻を、少しずつ前に進ませていきました。触れる前からペニスの熱が伝わってきました。

「あ……熱い、慎二くんの……ビクビク動いてるよ」

私のヴァギナはさわられてもいないのに、どうしようもないほど濡れているようでした。硬いペニスに密着した感触で、それが自分にも伝わってきました。女の割れ目がペニスの裏筋におおい被さっている様子が、目に見えるようでした。

「うっ、ぐうぅ、奥さん、ヌルヌルです」

慎二くんがうめくように言いました。私はビクビクと脈打つペニスを、濡れたヴァギナで包み込むようにして、ヌルッ、ヌルッと腰を使ってこすりつけました。

「こ、こんなの、気持ちよすぎて……」

慎二くんが逞しい体をくねらせて、快感を訴えてきました。

私はエッチな摩擦で自分もイキそうになりながら、彼の耳を舐め回しました。

「こんなに大きいのを、私に……入れたいの？」

慎二くんはゴクッと息を呑んでから、コクコクと何度もうなずきました。

「ちゃんと言って」

「い、い、入れたいです！」

私は腰を使いペニスをヴァギナでしごきながら、両手の指にたっぷりと唾液をまぶして、再び慎二くんの乳首を愛撫していきました。指先でつまんだ乳首をこねくり回しながら、ウエストから下を激しいリズムで動かしました。

「あ、あっ、あんっ！」

見るからにフォワード選手の慎二くんが、女の子よりもエッチに喘ぎました。

「慎二くん……私のどこに、入れたいの？」

「そ、それは、あの……」

私はこれでもかというほどヌルヌルの指先に力を入れて、慎二くんの乳首をいじりながら、自分でも驚くほどの腰使いでペニスをヴァギナでしごきました。

「ア、アウッ、奥さんの……そこに」

「そこじゃ、わからないでしょ」

とがめるように言って、私は乳首とペニスを強烈に愛撫しつづけました。

やがて慎二くんが熱にうなされるように口にしました。

「奥さんの……オ、オ、オマ◯コに！」

その瞬間、私はビクビクっとイッてしまいました。

でも、もっともっとイケそうでした。慎二くんの耳をしゃぶり、両手で乳首をこね回し、ウエストから下を激しく動かしてさらに求めました。

「ああうっ、もっと言って！」

「あっ、あっ、んくっ、奥さんのオマ◯コ！」

私はまたビクッとしてから、ニットのワンピースを脱ぎ捨てました。

「なんか興奮して、熱くなっちゃったわ」

そのままブラジャーもはずすと、谷間にびっしりと汗が浮かび、乳首がブルーベリーのように凝り固まっていました。それが恥ずかしかったこともあって、私は頭に回した慎二くんの腕ごと、頭をギュッと抱き締めました。

「う……おっぱいも……柔らかいです」

私の乳房が慎二くんの顔面に密着していました。

そのまま腰を振っていると、私の全身から汗が噴き出し、慎二くんの汗と混じり合ってヌルヌルにすべりました。ヴァギナとペニスはずっとこすれていました。

「き、気持ちよくて、もう……出そうです」

慎二くんが、そう発しました。私はあわてて腰を浮かしました。

「ま、待って……そんなのズルイ！」

そう言って股間に手を伸ばし、極太のペニスを握って、亀頭を膣口に宛がいました。

「私だって、もう我慢できないの……」

ゆっくりと腰を沈めていくと、カリの張った亀頭が、私の膣粘膜をヌメヌメと押し広げていきました。みっちりとした圧迫感がすごいんです。

「あ、いいっ、慎二くんの……チ○ポ」

根元まで咥え込んでから、私はお尻を上下に動かしました。

ヌリュッ、ヌリュッと亀頭が突き刺さってくる感触で、全身が快感に包まれました。

「気持ちいい！　太いのに、硬くて、ああっ！」

いけないと思いながら、私は、夫のペニスと比べていました。その気持ちが伝わってしまったのか、慎二くんがこんなイジワルなことを言いました。

「先輩と、どっちが気持ちいいですか？」

「やだ、何言ってるの……やめて！」

私は慎二くんを黙らせるように唇を唇で塞《ふさ》ぎ、腰つきと同じくらいの激しさで舌を絡みつかせました。瞬《また》く間に口角で唾液が泡立ち、もみくちゃに重なっていた私の乳房と慎二くんの胸板の間に、糸を引いて垂れ落ちていきました。

口元と股間の挿入部分から、ネチャッ、ネチャッと淫らな音が響いていました。

（ヒイッ、イクイク、こんなの、イッちゃうーッ）

と同時に、慎二くんが下から強烈に腰を突き上げて、熱いかたまりになった精液が私の中に打ち込まれてきました。そして私はさらに高くイッてしまったんです——。

その後も夫の出張の際に、私は慎二くんとセックスしました。

私がリードするエッチがエスカレートして、手足を縛ったり、目隠ししたりして、いやらしく責めました。もちろん夫には激しく責められています。

夫の責めと慎二くんの受け身、もう、私、両方ないと満足できません。週に何度もうちで酌み交わす二人の傍で、私の下着の中はいつもびしょ濡れなんです。

ボケたふりをしてセクハラをしてくる義父の老人らしからぬ巨大なモノを見せられた嫁は

青木章枝　農業・四十六歳

地元農家のお嫁に入って二十年になります。

田舎ですから家はちょっと掃除がたいへんなくらい大きくて、ここで私たちは義父の源介《げんすけ》と同居しています。

義父は七十七歳。小柄ですが、畑仕事で鍛え上げた体は、いまも風邪ひとつひかない健康そのものです。

もっとも、数年前に奥さんを亡くされて以来、「どうも膝の調子が悪い」とかなんとか口実をつけて、あまり畑に出なくなってしまいました。

幸い、うちは古い地主で、跡継ぎである私の夫も元気な働き者ですから、暮らし向きには余裕があります。年老いた義父がパチンコやスナックに少々通い詰めようと、べつだん困ることとありませんでした。

ほんとうに困ったことは、実はほかにあったんです。

最近、義父の私を見る目が、とってもいやらしいんです。

私が若いころにはまだ、それほどセクハラめいた言動はありませんでした。義父も仕事がそれなりに忙しく、さほど時間に余裕がなかったというのもあります。

夜もまだまだ現役で、熟年ながら夫婦生活もけっこうお盛んにやっていましたし、それで物足りなければ街に繰り出して男性向けのサービスを受けたりもして、嫁の私に下品な興味を向けることは(少なくとも表向きは)、ほとんどなかったのです。

雰囲気が変わったのは、義父が家にいることが多くなったこの数年でしょうか。なにしろ夫は早朝から畑、子どもたちは学校に出てしまい、昼間は義父と家に二人っきりです。

最初は、私が家事をしている姿を、襖の陰からじっとりと見つめていたりするくらいでした。

ですがそのうちに義父は、洗濯機から私の汚れたパンティを引っぱり出して、こっそりとクンクン匂いを嗅いだり、私のお風呂をこそこそ覗こうとしたりするようになりました。

ときにはボケたふりをして、私が用を足しているときに、いきなりトイレのドアを開けたり、なんてこともありました。

ちゃんと鍵をかけていなかった私もいけないんですが、びっくりしながらもオシッコが止まらなくてあわてている私に、口だけは「おお、すまんすまん」なんて言いながら、義父はニタニタと私の恥ずかしい姿をしっかりと観察してるんです。

「もう、お義父《とう》さんたら、こんなおばさんのおトイレ見てなにが楽しいの」

恥ずかしいやらあきれるやら、私が顔を赤くして下着を上げると、義父は「いやあ、失敗失敗」と頭をかきながら、悪びれた様子もなく笑っているんです。

ほかにはこんなことも、ときどきありました。

お風呂場から大きな声で、「おおい、章枝《あきえ》さーん！」と呼ぶ声がするのです。転んで怪我でもしたかと私が急いで駆けつけると、義父が全裸で、のんきに笑いながら仁王立ちしていました。

もちろん下着も着けず、アソコをぶらんぶらんさせながらです。

「いや、すまんすまん、勘違いじゃったわ」

とぼけていますが、義父はあきらかに、私に自分の男性自身をどうだとばかりに見せびらかしているんです。

「いやあね、お義父さん。まだボケちゃイヤですからね」

私は毎回、そう言ってたしなめるものの、本気で怒ってはいませんでした。二十年寝食をともにしている家族ですし、私は義父のそういう子どもっぽいところが嫌いではなかったのです。

それに……あの、義父のチ○ボ。

義父の小柄な体に不釣り合いなくらい、大きいんです。長くて、太くて、黒々として、ズルッと剝けた先っちょが木のこぶみたいで、すごく力強いんです。

残念ながら私の夫は、義父の実の息子とは思えないくらい、アソコが似てません。短小で、皮かむりで、おまけにずっと早漏のうえ、立ちも悪くて。

二十年連れ添ってこんなことを言うのもなんですが、夫とのエッチで満足したことは一度もありません。どうにか子どもができてからは、お互いそういう行為を求め合うこともすっかりなくなっていました。

そんな私のうるおいのない生活に、ときたま見える義父の巨大な男性器は、ここだけの話ですが、ちょっとした刺激になっていたんです。

お義父さん、まだ勃起……するのかしら。平常であんなに大きいなら、硬くなったらどうなっちゃうのかしら。

あんなので貫かれたら、どんな気分かしら……。

ときどきそんな危ない妄想までしてしまいます。ああ、義理のお義父さんとセックスしちゃうなんて。

やがて私は妄想だけでは止まらなくなって、指で、自分の体をいじり回してしまうんです。夜、お布団の中で。

すっかり枯れてしまったと思っていた女性自身がじゅわあっと濡れて、お豆さんがコリコリに硬くなって……。

ああ、お義父さんのおち○ぽ……お義父さんのおち○ぽ……。淫らな言葉を頭の中で繰り返して、私はとうとう、一人で達してしまうんです。

まちがいが起こってしまったのは、私がそんな悶々《もんもん》とした思いでいた、ある夏の夜のことでした。

家には、夫も、子どももいませんでした。義父と二人っきりの昼下がりでした。

家事が一段落した私は、涼しい奥の座敷でくつろいでいる義父に、お茶とお菓子を持っていきました。

義父は浴衣姿で、寝そべって新聞を読んでいました。

「ああ、章枝さん。ちょっとすまんが、頼まれてくれんか」

横になったまま、義父は口を開きました。

「朝から脚が痛んでなあ。ちいっとさすってくれんかな」

「あらあら。しょうがないわねえ」

私はすぐに義父のそばに膝をつきました。

このところ義父は神経痛気味で、ときおり脚の痛みを訴えていたのです。

浴衣のすそから投げ出された義父の骨ばった脚を、私はやさしくもんであげました。

「こうですか？　ちょっとは楽になりました？」

「ああ、すごく気持ちいいよ章枝さん。あんたの手、すごくやわっこいなあ。たまらん心地じゃわ。あっちう間に痛みが引いていくわ」

義父はいかにも満足げに、ため息を洩らします。

「うふふ、ならいいけど、ちゃんとお薬も飲まないとダメですよ」

私も、義父が喜ぶ顔を見るのはうれしいもので、あれこれとりとめのないことを話しながら、脚のマッサージを続けてあげました。

でも、そのうち、義父の様子がおかしくなってきたんです。

私のお尻に……そろそろと義父の手が伸びてきたんです。

スカートの上から、私の大きなお尻を、いやらしく、なでなで、なでなでするんです。

「もう、なにしてるんですか、お義父さん。へんなところさわらないの」

私は軽くにらみましたが、義父はどこ吹く風で、タッチをやめないんです。年寄りのくせにがっしりした力強い手が、最初はなでなでだったのが、だんだんエスカレートして、お尻のお肉をもみもみしたりするんです。

私は無視して、義父の脚をさすりつづけました。

ほんとうは、ちょっと気持ちよかったんです。

私はお尻がけっこう性感帯なのです。男の人にさわられるなんて久しぶりで、ああこれ、イヤじゃないかも……なんて思っちゃって。

いつの間にか口数も少なくなって、私はお尻をさわられるままになっていました。体全体が熱くなってきて、じっとり汗ばんできているのが自分でもわかりました。

「うーん、いつ見ても章枝さんはむちむちしたスケベなケツしとる。あんたのケツを見とると、このジジイもムラムラが抑えられんのよ」

義父は低い声で、下品なことをささやきます。

「も、もう、お義父さんたら、おかしなこと言わないで……」

たしなめようとする私の声は上擦って、まったく力が入っていません。

調子づいた義父が、私のスカートをめくり上げました。ああ、いや。色気もなにもない、ベージュのおばさんショーツが丸見えです。

骨ばった指が、さらにしつこくお尻をなで回します。薄い下着の布一枚ごしに感じる義父の手は、さっきよりさらになまなましくて……気持ちいいんです。

「どうじゃ、最近、倅《せがれ》とはヤッとるのか？　んん？」

義父はますます露骨なことを口にします。

「そ、そんなこと……お義父さんには言えません……い、いやらしいこと聞かないでください」

精いっぱい強がって私は言い返しますが、義父は痛いところを突いてくるんです。

「とぼけんでもいい。あんた、しばらく男の味も楽しんどらんじゃろ、んん？　それにあいつのナニはお粗末じゃろ？」

図星でした。私は言い返すこともできず、さらに義父にされるがままでした。

義父の手はやがて、薄手のワンピースの上から私のお乳に迫ってきました。

もともとおっぱいは大きいんですけど、このところますますお肉がついて、そろそろGカップになりそうな爆乳になっている私の胸を、義父は思うさまもてあそぶんです。

下からたぷたぷふるわせたかと思ったら、お乳を搾るみたいにぎゅうっともんだり。

お尻もよかったけど、お乳をいじめられるのがすごく感じます。

私、自分でも抑えられないヘンな声を出してしまって……。

「あふんっ。だ、だめよお義父さん。おっぱいはだめぇ。いやらしいんだから」

私ったら、いつしか、義父の手を振り払うこともせず、抱き寄せられるまま、愛撫されるままになっていました。

「この乳も前々からずっとそそられておったんじゃ、章枝さん。おお、ええ熟れ具合じゃ。手から溢れよるわ」

「いやよ、お義父さん、ねえ、もういいでしょ？　あ、ああ……そんなふうにもんじゃいや……」

頭ではいけないとわかっているのに、勝手に恥ずかしい声が出ちゃいます。

義父はククと笑って、浴衣のすそをさらにはだけました。

「ほうれ、見てごらん。あんたがええ声を出すから、ムスコが目を覚ましおった」

四つん這いになっている私のすぐ鼻先に「それ」がありました。

むっくりと起き上がった、黒いいかつい男性自身。

七十代の老人のそれとは思えない義父の巨チンが、上に向かってビーンとおっ勃《た》っていたんです。

ああすごい。長さといい、太さといい、反り具合といい、先っぽのエラの張り方といい、こんなの見たことありません。

ムッとたちのぼる、マツタケのような濃厚なオスの香りもゾクゾクします。

「どうじゃ。わしもまだまだ現役じゃろ。ほれ、さわってごらん」

義父に促されるまま、私はおずおずと、その逞しいものに手を伸ばしてしまいました。

あっ。すごく熱い。それに、とっても硬い。

大きさがお粗末で、しかもフニャチン気味な夫のおち○ちんとは比べ物になりません。

青筋立ててドクドクと脈打つお道具を、私は我を忘れて、両手で握り、愛撫していました。指先を亀頭にそっとすべらせると、ねっとりと透明な蜜が先っちょからにじんで糸を引いて、それがなんともおいしそう。

私は気づくと、それを自分からお口にほおばっていました。

ああん、とってもおいしい。お口の中でゴリゴリ暴れてるみたい。

私は子どもが夢中でアイスキャンディを舐め回すみたいに、義父の巨チンの上から下までレロレロと舌を這わせました。だらんと垂れた大きなタマタマ袋もお口いっぱいにふくんで、ちゅうちゅうとしゃぶります。

「おお、うまいじゃないか、章枝さん。ええ舌使いじゃ」

その言葉に、私は、はっと我に返りました。

「ち、違うの、お義父さん。こ、これは、その、つい……」

私ったら、こともあろうに義理の父親のおち○ぽをしゃぶってしまうなんて。

そんなの、倫理的に許されないことです。

私はなんとか取りつくろい、義父から体を離そうとしました。

でも、もう手遅れでした。私の体は義父の腕にしっかりと抱え込まれていました。

若いころから野良で鍛えた義父の腕は、老人とは思えないほど力強いのです。

あっさりと、私は畳の上に組み敷かれてしまいました。

義父の手が、私の衣服を引き裂くようにして脱がしていきます。

「いやっ、やめて、お義父さん。勘弁《かんべん》してくださいっ」

「おいおい、いまさら貞淑ぶらんでいいぞ。美味そうにわしのナニをしゃぶりおったくせに。いきり勃ったチ○ボが欲しくてたまらんのじゃろうが」

強引にブラジャーがむしり取られ、裸のおっぱいが義父の前に丸出しになってしまいます。

「そ、それは……違うんです。やめてお義父さん。親子でこんなこと、ダメよ……」

「おお、淫乱なデカパイじゃあ。こんなでっかい乳ぶらさげとるのに、どうせしばらくオメコもしとらんのじゃろ？　んん？　ひっひっひ」

いやらしく笑いながら、義父は、私の大きなおっぱいを両手でもみもみ、こねこねと荒々しくもてあそぶんです。

罪悪感に私は必死に身じろぎします。けれど、義父の力強い手でおっぱいを責められるの、すごく気持ちいいんです。こんなの、ほんとに久しぶりの感覚です。

「ああ、だめよ、こんなの……はあぁ、いやっ、いやっ、お義父さんのばか……」

「そんなこと言って、乳首がこんなに大きくなっとるじゃないか。苛《いじ》めてほしい、苛めてほしいと言っとるみたいじゃぞ。ほうれ、ねぶってやろう」

義父は私の大きな乳房を両手で絞り上げ、とっくにピンピンになっている乳頭に、ねっとりと舌を絡めるんです。

鳥肌が立つような嫌悪感と背徳感でした。でも、同時に体がピクピクしちゃうくらい気持ちいいんです。

「はぐうーっ、やめてぇーっ！」

私は義父の舌から逃《のが》れようとするみたいに身をくねらせましたが、ほんとうの思いはまるで正反対でした。

乳首が感じちゃいます。もっと乳首を舐めてほしくなりました。

「どれ、こっちもすっかり準備万端じゃないのかね」

お乳をペロペロしながら、義父は私のお股へと手を差し込んできます。

「あーっ、そ、そこは……ほんとにだめよおっ！」

私は必死に脚を閉じて最後の抵抗をしますが、義父の太い指は、巧みにそのすき間に入ってきてしまうんです。

「おお、ぐっしょりじゃないか、章枝さん。こりゃ男が欲しくてたまらんオメコじゃわ」

「そ、そんなこと……私、そんないやらしい女じゃありません……」

すると義父は、私の股間をいじくった指を、私の鼻先に見せつけるんです。

義父の指の間に、少し濁った私の愛液がとろっと糸を引きました。

「いやあ……そんなの見せないで……」

「ほれほれ。男日照りで泣いとるオメコをかわいがってやろうかい」

再び義父のごつくて太い指が、私のお股に侵入してきます。

女を悦ばせ慣れた指が、熱く濡れそぼった私のワレメをじわじわと探るんです。

初めは外側のビラビラを甘く愛撫して、そのうちちょっとずつ奥のほうへ、奥のほうへと指が入ってきて……。

「あ、あああ、許して……中に入れちゃいや……ああいやぁ、お義父さんやめて……あっ、ううっ、も、もうそれ以上は……はああんっ」

指は小刻みに震えながら、私のワレメの奥深くまでほじくって、やがて天井のいちばん感じるツボにさわるんです。コリコリ、コリコリと。

「あひぃ――、そ、そこはいやっ。ヘンになっちゃうっ。あーっ、堪忍してぇーっ！」

私はもう脚を閉じておくこともできませんでした。奥の気持ちいいところ、もっといじってほしい。ほじってほしい。それしか考えられませんでした。

「ほれほれ、ここがこたえられんのじゃろ？　こっちはどうじゃ？　ああん？」

意地悪くにやついた義父は、別の指を使って外側のお豆までいらうんです。

私はもう、抵抗できませんでした。

いったいいつ以来か思い出せないほど久しぶりの女の悦びに、だらしなくお股を広げ、びとびとと愛液を畳に垂れ流しながらのたうち回っていました。

「あぁーっ、お義父さんっ！　お義父さんっ！　すごいっ！　すごいわあっ！　ああー、イグぅー、オメコイグぅーっ！　イグのぉーっ！」

「おお、イッてしまえ。ほれっ、ほれっ、ここもか？　ここもじゃろ？」

ヒィ――ッ！

一声、甲高い悲鳴をあげて、次の瞬間、私は達してしまいました。

数秒ですが、私は失神してしまったのかもしれません。

目を開くと、義父の淫らな笑顔がすぐそばにありました。

「おうおう、すごい乱れぶりじゃ。うちの嫁はさぞかしスケベエじゃろうと思ってはおったが、これほど狂うとは思わんかった。どうじゃ、よかったじゃろうが」

私は羞恥に震えながら、それでもコクンとうなずきました。

この家に嫁《とつ》いで以来、こんなにイカせてもらったのは初めてでした。

「どれ、それではいよいよ、わしも章枝さんのオメコを楽しませてもらうとするかな」

ぐったりと力の抜けてしまった私の脚の間に、義父がぐいっと腰を入れてくるのがわかりました。

義父の股間では、あのものすごい巨チンが、ビンビンに大きいままなんです。

私はイヤイヤと首を振って、最後の抵抗をします。

「ああ、お願い、お義父さん。そればっかりは堪忍して。親子でそんなこと、ほんとにいけないわ。満足するまで好きなだけお口でしてあげるから、オメコだけは許して」

「いまのいままでメコ汁吹きまくってヨガリ狂っておったくせに、なにを虫のいいことを。観念せえ。このデカいので極楽見せてやるわい。ほうれ……」

くちゅっと先端がワレメの入り口に当たりました。

ああ、太い。それに、ゴリゴリに硬い。

義理とはいえ、ひとつ屋根の下で暮らす家族と、最後の一線を越えてしまう。禁じられた行為をしてしまう罪悪感に、私の体はわなわなと震えました。

でもその一方で、私のあさましいメスの本能は、猛烈に義父の雄々しいペニスを求めていました。

欲しい。お義父さんのいかついチ○ポで貫いてもらいたい。お義父さんに犯されたい。

ずずっと義父のそれが、頭の部分を私の中に突っ込んできました。

「ああん、いやぁ。入れないでぇ……」

口でこそそんなことを訴えていましたが、私ははしたなくお股を開き、新たな愛液をとろとろと滴《したた》らせて義父の勃起を自ら受け入れようとしているのでした。

「ああん？　入れたくないんか？」

サディスティックに私を見おろしながら、義父は挿入しかけたそれを、あっさりと抜いてしまうんです。

「あ……」

もちろん私の本心は違います。早くこのすばらしいお道具で、しくしくと疼いている女のせつない部分をめちゃくちゃにしてほしいんです。

「お義父さん……お義父さん、私……ああ……」

すがるような目で、私は義父に訴えかけます。そんな私に義父は冷たく、「口に出して言うんじゃ」と命令するのです。

そのとき、とうとう私は、メスの本能に負けてしまったのでした。

「入れて……犯してください、お義父さん」

私がそう言った瞬間、ビンビンに猛りたった義父の男性自身が、いきなり押し込まれてきました。

「おおお……おほぉっ。お、おっきぃっ……！」

膣穴が荒々しく押し広げられ、さみしい空洞が巨大なアレに満たされていく感覚に、私はまた悲鳴のような声を発していました。

遠慮会釈なく、義父の巨チンは私の奥の奥、子宮に達するまでずぶりとめり込んできたんです。私の上で、義父が満足そうな吐息を洩らします。

「うぅーん、思ったとおりの名器じゃわ、章枝さんのオメコは。きゅうきゅう締めつけてきおるわ。どうじゃ、わしの業物は。腹の奥まで届くじゃろ」

私はもう、返事もできませんでした。

義父の言葉どおり、想像もしなかった大物で女性自身をえぐられるすさまじい快感で、気も狂わんばかりでした。

「ほうれ、突いてやる。どうじゃ、んん？」

ぐりっ、ぐりっとオメコの中で、義父のものがゆっくりと動きだします。

ああ、ああ、なんてすごい。

出すときも、また突き込まれるときも、そのたびに奥にある気持ちいいツボを思いきりこすられて、どうにかなってしまいそうです。

「あひぃ――っ、お義父さんのチ○ボすごぉいっ！　オメコ張り裂けちゃうっ！　おっ、おっ、おぉうぅっ！　あああだめ、だめ、そんなに突いたら死ぬうぅっ！」

「まだまだじゃ。もっと激しくしてやるぞ。ほれ、ほれいっ」

義父の腰使いが、次第に速く、激しくなっていきました。とても老人のものとは思えない、豪快なピストンです。

さっきまでピークだと思っていた快感が、さらに強くなりました。

私はすでに、義理の父親と許されないまぐわいをしているという罪悪感すら忘れていました。ただただ、勃起したチ○ボに満たしてもらえる快楽をむさぼっていたんです。

「はうぅーっ、も、もう無理よ、お義父さんっ！　ああー、ああーっ、ガマンできないっ。イギそうっ。イグわああっ！」

私は自分で髪をかきむしり、寸前まで迫った絶頂に全身を緊張させせました。

ところが、それを見計らったように、ふいに義父はピストンを止めるんです。

「あーっ、いやいやっ。なんで止めるのっ。も、もうちょっとなのぉっ。お義父さん、止めないでぇっ！」

私は悶《もだ》え狂い、自分からぐりぐり腰を動かして出し入れをせがみます。

「まだまだじゃ。ほれ、今度は四つん這いじゃ」

ずるっ、と私から巨チンを引き抜くと、義父は体位を変えるよう私に言いました。

私に断ることなんかできるはずもありません。一秒でも早く、義父のチ〇ポをまた入れてほしくて、私は従順にワンワンスタイルになります。

そしていやらしくお尻を振って、義父に続きをおねだりするのです。

「ああ、お義父さん、早く、早くぅ。オメコぉ、オメコしてぇ。イカせてぇっ！」

ずぷぷっと義父の性器が、今度はバックから攻め入ってきました。

さっきとはまた違う角度で女のツボが刺激されて、頭の中がとろけるような気持ちよさでいっぱいになるんです。

「どうじゃ、章枝っ。親父に犬のように犯される心地は？　ええ？」

「気持ちいいっ！　気持ちいいわあ、お義父さんっ！　こんなにいいオメコ初めてよおっ！　もっと、もっとしてぇっ！　お義父さんのチ○ボ大好きよおっ！」

自分でも信じられないような汚い言葉を吐きながら、私は自分からお尻をうねらせて、一ミリでも深く義父のものを受け入れようとしてしまうんです。

「この淫乱嫁が。そんなにこれがええのか？　ほれ、ほれっ」

義父も夢中で、腰を私のお尻に叩きつけます。一突きするたび、ビタッ、ビタッとお尻を叩かれるような音と、ぶちゅぶちゅと私の陰部の濡れた汁音が座敷に響きます。

「あぁ――っ、いいのっ、それがいいのよおっ！　イギそうよぉっ！　ねえ、今度はイッてもいいでしょ？　イギたいっ！　オメコイギたいのよおっ！」

爪を畳に立てて、私は今度こそアクメをいただこうと義父に懇願しました。

「ええじゃろう。ほれ、極楽に行かせてやるわい。それっ、イクがええっ。イッてしまえっ！」

義父は私の腰を抱え直すと、最後に鬼のようなピストンをくれるんです。

ほんとうに膣が壊れてしまうかと思うほどの強烈な出し入れでした。

「あぎぃ――っ、こ、こんなのだめぇーっ！　死んじゃうっ！　死んじゃうわぁっ！　おおっ、イッ、イグぅっ！　イグのぉっ！　お義父さんの……お義父さんのチ○ボでイグぅぅっ！」

無意識に体が弓なりに反り返り、私は最後の絶叫を発していました。

待ち焦がれた絶頂が突然襲ってきて、義父のものを包んでいるオメコのお肉が勝手にキュッと縮むのがわかりました。

それに合わせて、義父が果てるのも感じます。

「うーっ、出るぞ、章枝っ。全部受け止めるんじゃぞ」

奥深くに埋《うず》められたチ○ポから、熱い精液がドクッ、ドクッと注ぎ込まれて、それがまた得も言われぬ快感でした。

「ああ、お義父さん……お義父さん……」

私は畳の上に突っ伏したまま、うなされたようにつぶやきつづけていました……。

ことが終わると、私はたいへんな後悔にさいなまれました。

夫を裏切り、子どもを裏切り、あろうことか義理の父親と関係してしまった。しかも、自分から性の快楽を求めて受け入れてしまった。

このことは死ぬまで誰にも言わず、過ちは二度と犯すまい。

私はそう自分に誓いました。ええ、少なくとも、最初の数日は。

でも、ダメでした。

一人布団の中に入ると、義父のあの逞しいペニスと精力絶倫の腰使いが思い出されて、アソコがしくしくと疼いてしまうんです。

この年になってあんな気持ちのいいことを覚えてしまった体は、もうアレなしでは暮らせなくなってしまったんです。

いけない、こんなこと、夫や子どもにバレたらたいへんなことになってしまう。

そう自分を責めながらも、私は今夜もまた、夫の目を盗んで義父の寝室へと忍んで行ってしまうんです。

そして、萎《な》えることを知らない義父のチ〇ボを気がすむまでおしゃぶりさせてもらい、大きくなったそれでたっぷり犯してもらうんです。

こんな私って、いけない嫁でしょうか。

趣味のサークルで知り合った上品な婦人との情熱的なセックスで熱い精を彼女の中に

中田健一郎　無職・六十四歳

去年の秋、私が体験した出来事を聞いていただけたら幸いです。

私と妻は三十二年前に見合いで結婚し、二人の子どもに恵まれました。

取り立てて大きな波風は立たず、地味ではありますが、幸福な人生は歩めたのではないかと思っています。

私は昔から歴史物が好きで、去年の春に定年を迎えたあと、老後の趣味に、とある歴史サークルに入会しました。

妻はまったく興味がないそうで、友だちとの旅行や食事会などで忙しく、私一人だけ家にいても仕方ないという理由からの参加でした。

歴史サークルには十五人ほどの会員がいまして、その中に優貴子《ゆきこ》さんという女性がいました。

彼女も私と同じく、旦那さんは歴史に興味がないようで、いまだに酒や麻雀が趣味らしく、いっしょにいるだけで息が詰まる伴侶なのだそうです。

優貴子さんは五十七歳という年齢にもかかわらず、ベビーフェイスのうえに妙な色気を感じさせ、これまで私の周りにはいないタイプでした。

ぱっちりした目、小さな鼻、上品な口元に涼やかな微笑と、男好きするという表現がいちばん適切だったでしょうか。

参加するうちに距離が徐々に縮まり、私は年甲斐もなく恋心を抱いてしまったんです。といっても、こちらは浮気の経験が一度もない朴念仁《ぼくねんじん》のため、気の利いた言葉や誘いをかけられるはずもありません。

それでもサークルに参加してから半年ほどが過ぎたころ、千載一遇《せんざいいちぐう》のチャンスが転がりこんできたんです。

親睦目的の飲み会のあと、優貴子さんに誘われたときはどれほどうれしかったことか。しゃれたバーに連れていってもらい、二人だけでお酒を酌み交わす間、彼女は夫への不満をぶつけてきました。

どうやら旦那さんとケンカをしたそうで、家に帰りたくないという理由から私を誘ったようでした。

「どうして、私を？　女性の会員もいるのに」

「女同士だと、愚痴の言い合いになっちゃうでしょ？　中田《なかた》さんなら、きっと黙って話を聞いてくれると思って……ごめんなさい、迷惑だったかしら」

「いや、そんなことないですよ。光栄です」

恥ずかしげに照れ笑いを返す一方、ワンピース越しの豊満なバストに目が釘づけになりました。

「若いころ、主人には、女関係でものすごい泣かされたんです。歳を取れば、落ち着くと思ったのに、女好きは相変わらずみたいで、いまだに若い女の子のいるバーやスナックに通ってるんです」

「は、はあ」

旦那さんは私と正反対のタイプで、あいまいな返事をすると、彼女は肩を寄せてささやきました。

「中田さんみたいな人と結婚すればよかった」

好意を抱いていた女性の殺し文句に、私は喜びを隠しきれませんでした。同時に心臓がドキドキしだし、すっかり舞い上がってしまったんです。

潤《うる》んだ瞳、桜色に染まった頬、濡れた唇と、悩ましげな容貌に股間の中心が熱く疼きました。

できることなら口説き落としたかったのですが、私にそんな度胸はありません。

ところがバーをあとにした直後、優貴子さんに腕を組まれ、一瞬にして理性が吹き飛んでしまったんです。

腕に当たる胸のふくらみに全身が熱くなり、まるで雲の上を歩いているかのような感覚でした。

「まだ、時間はあるでしょ？」

「は、は、はいっ」

あのときの私はものすごく緊張しており、口元も引きつっていたと思います。

優貴子さんはクスリと笑ったあと、私の腕をグイグイ引っぱり、ラブホテル街に連れていきました。

ホテルの部屋に到着するまで、どこをどう歩いたかは記憶にありません。

もちろん拒否する気などなく、初めて経験することになるであろう浮気に全神経が集中していました。

「ふふっ、緊張してるの？」

「あ、いや、正直に言えば、こういった状況は慣れてなくて……」

「そういうまじめなとこがいいの」

「でも……いいんですか？」

「何が？」

「私なんかで……」

「いいの！　向こうだって、さんざん好き勝手なことしてきたんだから！」

いまにして思えば、旦那さんに対する復讐心もあったのかもしれません。

優貴子さんはやや怒った口調で言いながら抱きつき、唇に吸いついてきました。

「ん、むふっ！」

突然のキスに目を剝いてしまったのですが、ぷるぷるした唇の感触はいまだにはっきり覚えています。

女房とは十年以上も肌を合わせておらず、久方ぶりの男女の営みに高揚感は増すばかりでした。

それでも、不安がまったくなかったわけではありません。

はたして男としての機能が残っているのか、彼女を満足させられるのか。

ほてった体をじっと抱き締めるなか、彼女は顔を傾けて口を大きく開け、唾液をジュッジュッと吸いたててきました。

情熱的なキスに惚《ほう》ける一方、ペニスはズボンの中でムクムクと大きくなり、あっという間に完全勃起してしまいました。

ホッとしたとたんに男の自信がよみがえり、私も負けじと舌を絡ませては熟女の唇をむさぼり味わいました。

股間を彼女の下腹部に押し当てただけで発射しそうになり、うれしい悲鳴をあげたくなったほどです。

やがてキスが途切れると、優貴子さんは目をとろんとさせながら言いました。

「先にシャワー、浴びていい?」

「あ、はい、ど、どうぞ」

待っている時間がもどかしく、とても長く感じられたのですが、彼女がピンクのガウンを着て現れると、襟元からのぞく胸の谷間、丈の短いすそから伸びた太もものむっちり感に胸が騒ぎました。

シャワーを浴びている間もペニスは萎《な》える気配を見せず、いつの間にか不安より期待感のほうが大きくなっていたんです。

部屋に戻ったときには照明が落とされており、オレンジ色のぼんやりした明かりが淫靡な雰囲気に拍車をかけました。

「ゆ、優貴子さん」

彼女はすでにベッドにもぐりこんでおり、私は掛け布団をめくって中にもぐりこみました。

そして背中を向けている熟女を振り向かせ、抱きつきざま再び唇を重ね合わせたんです。

ガウンの腰紐をほどいて合わせ目から手を忍ばせると、弾力感に富んだ乳房の感触に全身の血が逆流しました。

あのときの私は、二十代に戻ったかのように昂奮し、無我夢中で胸をもみしだきました。

キスを中断して首筋から胸元に唇を這わせれば、甘ったるい匂いが鼻の奥を突き刺し、ペニスが早くもジンジンと疼いてしまったんです。

「あん、んふぅ」

鼻にかかった声も聴覚を刺激し、思わず鼻息を荒らげました。

本音を言えば、男としての余裕を見せたかったのですが、とても我慢できず、ガウンの前を広げたあとはまるまるとした乳房を露出させ、かぶりつきざま乳首をペロペロと舐め回しました。

「あ、やぁあぁっ」

身をくねらせて悶絶する姿の、なんと官能的だったことか。

手のひらで乳房を軽く引き絞ると、すぐさま楕円に形を変え、ピンク色の乳頭がピンとしこり勃《た》ちました。

私は乳房を舌でしゃぶりながら右手を下腹部に伸ばし、指先を女の箇所にすべりこませたんです。

内腿の柔肉が手を挟みこんだのですが、それほどの力は込められておらず、指先はすぐさましっぽりした熱源をとらえました。

あそこは早くも愛液で溢れ返っており、私はぬるりとした厚みのある肉襞の感触に嬉々としました。

「あ、ん、だ、だめっ」

「もうこんなに……す、すごいです」

指先を上下させると、くちゅくちゅという淫らな音が洩れ聞こえ、優貴子さんは顔をくしゃりとゆがめて身をよじりました。

クリトリスと思われる肉の突起もはっきりわかり、私は敏感な箇所へ集中的に刺激を与えました。

「ん、はぁあぁっ」

優貴子さんの反応はより激しくなり、頬がみるみる真っ赤に染まっていきました。

ひょっとして、指だけで絶頂に導けるのではないか。

躍起になって指を跳ね躍らせたとたん、ペニスに甘美な電流が走りました。

柔らかい手のひらが、陰嚢から裏茎をそっとなで上げてきたんです。

「むむっ」

腰をひきつらせた直後、今度はふっくらした指が胴体に巻きつき、上下に軽くしごかれました。

とにかく気持ちがよくて、あのときはひたすら身をこわばらせるばかりでした。

「はあはあ。ゆ、優貴子さん」

「ん、ふぅぅっ」

気合いを入れなおして指のスライドを再開すると、手コキの速度もシンクロするかのように激しくなり、睾丸の中の精液が荒れ狂いました。

久方ぶりの情事、初めての浮気、魅力的な人妻という新鮮な刺激が、多大な昂奮を促したのだと思います。

このままではすぐに射精してしまうと考えた私は、身を下方に移動させ、彼女の手をペニスから無理やり振りほどきました。

「……あ」

小さな悲鳴が耳に届いた瞬間、私は掛け布団をベッドの下に落とし、肉づきのいい太ももを割り開いていったんです。

「だめ、だめ」

優貴子さんは両足に力を込めましたが、怯《ひる》まずに左右に広げると、股ぐらからムワッとした熱気とふしだらな匂いが立ちのぼり、女の園がさらけ出されました。

陰唇はすでに外側にめくれ、ぱっくり割れた女肉の狭間は大量の愛液でキラキラと濡れ光っていたんです。

「……おおっ」

「中田さん、恥ずかしいわ」

股間に彼女の手が伸びてくると、私はあわてて秘園にかぶりつきました。そしてクリトリスを陰唇ごと口の中に招き入れ、愛液をジュルジュルとすすりたてたんです。

「ひっ……くっ！」

優貴子さんは身をのけぞらせ、内腿の筋肉をピクピクと痙攣させました。

私は彼女をエクスタシーに導こうと、ここぞとばかりに激しい勢いでクリトリスを吸いたてました。

指先でシーツをかきむしっていたのですから、気持ちはよかったのではないかと思います。ところが熟女はすぐさま私の腋の下に手を入れ、女とは思えない力で引っぱり上げました。

「はあはあ……中田さんばかりずるいわ」

「……え？」

彼女は愛液と唾液まみれの私の口を手のひらでぬぐうと、体位を入れ替え、ペニスに顔を埋《うず》めてきたんです。

あっと思った瞬間には裏筋を舌でなぞられ、あまりの快感に両足を突っ張らせていました。

実は私、そのときまでオーラルセックスの経験がほぼ皆無に等しかったんです。

妻は恥ずかしいとクンニリングスをさせてくれず、フェラチオは不潔という理由から拒否されつづけてきました。

積極的に口戯で刺激を与えてくる熟女に感動すら覚え、ペニスがよりいっそう反り返りました。

彼女は陰嚢を丹念にしゃぶったあと、裏筋からカリ首に唇を何度も往復させ、やがて亀頭を真上から咥えこんでいきました。

「ぬ、ぬうっ」

「ん、ふうっ」

ペニスが口の中にみるみる消えていく様は手品を見ているようで、しかも根元まで埋めこまれたのですから、私はただ口をあんぐりさせるばかりでした。

優貴子さんが顔をゆったり引き上げると、大量の唾液がゆるゆる滴り、ペニス全体が濡れ輝いていく様子がなんとも卑猥でした。

リズミカルなスライドが始まると同時に、じゅぶじゅぶとはしたない水音が響きだし、今度は私がシーツに爪を立てました。

熟女のフェラチオは、こちらが考えていた以上の快楽を吹きこみました。

いまにして思えば、旦那さん以外にも、複数の異性との性体験があったのかもしれません。

頬をぺこんとへこませ、口の中を真空状態にして吸引されると、精液が吸い出されるような錯覚に陥《おちい》り、私は括約筋を引き締めて射精をこらえました。

「んっ！　んっ！　んっ！」

「ぐ、ぐう」

フェラチオは目に見えて激しさを増していき、精液が出口をつつく間隔がどんどん狭まっていきました。

もちろん、いい歳をして口だけで射精するわけにはいきません。

ひたすら耐え忍んで反撃する機会をうかがったのですが、情けないことに指一本動かせず、身も心も快感の渦に巻きこまれてしまったんです。

「あ、あ……も、もう……」

全身汗だくになりながら我慢の限界を訴えると、優貴子さんは顔の打ち振りをストップさせ、口からペニスを抜き取りました。

「はあ、ふう、はあっ」

うつろな目で荒い息を放った直後、彼女は髪を片手でかき上げ、足を開いて私の腰を跨《また》がりました。

「私も……我慢できないわ。入れていい？」

あのときはあまりの昂奮でまともな言葉さえ返せず、コクコクとうなずくことしかできませんでした。

優貴子さんはペニスを垂直に起こし、亀頭の先端をぬめり返った恥肉の狭間にあてがい、ヒップをゆっくり沈めていきました。

「あ、あ……」

生温かくて柔らかい肉襞が亀頭冠をすっぽり包みこみ、この世のものとは思えない快感が背筋を走り抜けました。

「む、ふう」

顔面を真っ赤にしていきむなか、ペニス全体が愛液でぬるぬるの膣の中に埋めこまれ、恥骨同士がピタリと合わさりました。

頭の中が真っ白になり、初めての浮気、他人の妻との情事という感激は少しもわきませんでした。

「はあ……気持ちいいわ。中田さんの、おっきい」

「くっ、くふっ」

「動いていい？」

優貴子さんはこちらの返答を聞くまでもなく、腰のピストンを開始しました。

騎乗位の体勢も初めてのことで、私は為すがままの状態だったのですが、彼女の腰づかいも大きな衝撃と快楽を与えました。

豊満なヒップがくねくねと揺れ、激しいバウンドとともに柔らかい膣肉がペニスを縦横無尽にもみこんできたんです。

上下のピストンの合間に腰をグリッと回転させ、はたまた恥骨を前後に振りたててくるのですからたまりません。

「おおっ、おおっ」

幸いにも、私の低いうめき声は彼女の甲高いよがり声にかき消されました。

「ああ、いいっ！　いいわぁっ!!」

ベッドが大きな音を立てて軋《きし》み、ヒップが太ももを打ち鳴らす乾いた音が室内に反響しました。

とろとろの媚肉にペニスを引き転がされ、とても攻勢に回る余裕など持てるはずがありません。

目の前がチカチカしだしたところで、私は放出の瞬間を訴えました。

「あ、あ、だめ、もうだめです」

「いいわ、イッて！　そのまま中に出して！」

「ぬ、ぐおぉぉっ」

優貴子さんが髪を振り乱してヒップを振ると、ストッパーが木っ端微塵《こっぱみじん》に弾け飛びました。

こうして私は彼女の中に精を放ち、初めての不貞行為にどっぷり酔いしれたんです。

淫らで積極的な熟女の魅力に参ってしまい、それからは一日中優貴子さんのことばかり考えるようになりました。

肌を合わせたのは合計三回でしたが、やはり私では物足りなかったのかもしれません。徐々につれなくなり、突然サークルをやめてしまったあとは連絡が取れなくなってしまいました。

しばらくは魂が抜けた日々を送っていたのですが、いまではこじれなくてよかったと割り切れるようになりました。

いっときの夢を与えてくれた彼女には、いまでも感謝しているんです。

パート先のオーナー店長とイケナイ関係に！剝き出しの下半身へ初めて夫以外の物が……

岸本直子　パート・四十七歳

上場企業に勤める優しい夫と、国立大に進んだ二人の息子を持つ主婦です。潤沢《じゅんたく》な夫の収入に甘え、二十年以上専業主婦でおりましたが、下の子が受験に成功した二カ月後ぐらいから、私の心に異変が起こりました。

なにをしてもおもしろくなくなり、笑わなくなったのです。

いわゆる鬱だったのでしょう。子どもの学力や受験だけが心配事のすべてであり、心の拠り所でもあったので、目標を見失ってしまったのです。

このままではいけないと思い、近所のチェーン店のコーヒーショップにパートに出ようと、私は一大決心をしました。

「だめだよ、母さん。働いたことなんて二十年以上ないんだろ。もっと心を病むだけだよ。生意気な学生とか主婦とかにいじめられるぞ」

息子たちの説得はありがたかったのですが、私はもう、そのときはそのときと少し開き直っていました。

そして勇気を振り絞って始めたパートで、私は主婦や学生のパートさんたちと知り合い、新しい人間関係を築き、鬱状態から抜け出せたのです。

さらに、そこのオーナー店長さんと肉体関係になるという、甘い泥沼を経験したのです……。

「岸本《きしもと》さん、二番テーブルさんにミルフィーユ追加分、お持ちしてください」

「はい、店長！」

鬱から放たれ、少し躁状態だったのでしょう。自分でも驚くぐらい大きな声が出るようになっていました。また、わけもなくよく笑うようになりました。

パートを初めて二カ月ほどたったころです。

そのコーヒーショップは、店長がフランチャイズ権を所有している個人店で、営業時間や定休日などは自由に決められていました。

週に一度の定休日で、店長とパートの誰か一人が、食資材の搬入や大掛かりな掃除を手伝う仕組みになっていました。ふつうは男子大学生が呼ばれるのですが、その日は初めて私に声がかかりました。

「お客さんが来ないとさびしいですね。シャッターが降りてるから、照明をつけてもなんだか夜みたいだし」

正午を回ったころ、いつもはできないホールの掃除をしながら、私は言いました。営業はしていませんが、お掃除で服が汚れるので、ふだんのユニフォームに着替えていました。

「岸本さんって、お客さんがいなくても元気なんですね。ぼくの妻もそれぐらい明るければいいのに」

店長の奥さんは、コーヒーショップの経営にはさほど興味はなく、大手商社の経理部門の契約社員とのことでした。

「私は恵まれたんです。ここ、みんな優しくて素敵な人たちばかりだから」

私はここに来た顚末《てんまつ》と、二カ月前の自分の状態を話しました。

「信じられないなぁ……いつも楽しそうに、コマネズミみたいに動いてくれてるじゃないですか」

「オバサンがドタバタしてるだけですわ」

「オバサンって、ぼくたち同い年ですよ」

店長は近づくと、笑って私の二の腕をポンと叩きました。

店長は悪意のない仕草で、こうしてよく体に触れてくることがありました。広くない職場だし、そういうものかと思い、最初は特に気にしてもいませんでした。私も仕返しのように、冗談でよく店長に触れていました。

ですが最初のひと月めぐらいで、店長が触れてくるのは私だけだと気づいたのです。躁状態だった私は、それを私に対してだけの好意だととらえ、心のどこかで喜んでもいました。恋愛感情ではなく、むろん性的な感情でもありません。

「岸本さん、お客さんのオーダーを取るとき、ちょっと前かがみになるでしょ？　お尻が素敵だなっていつも思うんですよ。手が無意識にこうなるんだ」

店長は逆手にした手のひらで、サワサワとお尻をなでる仕草をしました。

ふつうなら完全にセクハラ案件です。

にもかかわらず、あろうことか私は、立ち上がってテーブルに両手をつき、店長に向かってお尻を突き出していたのです。

「うふ、オバサンのお尻なんてさわっても、ガッカリするだけですよ」

そう言うと店長は、おもしろいぐらい動揺しました。

「……そんな誘惑しちゃ困ります。妻以外の女性を知らないセミ童貞なんだから」

思いがけない言葉に、つい私も言ってしまいました。

「私も、夫以外は知らない半処女です。うふふ、お互い、配偶者がいなければ初めて同士ですね」

店長は怖いぐらいまじめな顔になり、伸ばした手のひらをゆっくり私のお尻に近づけてきました。まるで、逃げるならいまですよと猶予を与えているかのようでした。

「あん、てんちょ……」

触れてくるだろうという思いと、まさかそこまでしないだろうという思いが半々だった私は、スカート越しのお尻に店長の手のひらが触れた瞬間、あごを出しておかしな声を出してしまいました。

「ちょっ……店長、なにをなさるんですか。冗談がすぎますよ……」

ちょっとだけさわって、ほんのイタズラの体にするのかと思ったのですが、店長の手は予想外に執拗《しつよう》でした。

「店長、いま話したばかりじゃないですか。私たち、配偶者がいるのよ……」

私の弱々しい抗議にも、優しい店長は無言のままでした。

緊張でお尻に全神経が集中していたので、お椀のように曲げた店長の手のひらが、お尻の丸みに合わせて上下にこすってくるのがなまなましく伝わってきました。

(ああ……どうしてなの、うちの人とのセックスよりずっと感じちゃう……)

主人とのセックスは、月一度ほど、ほとんど義務感だけでしていましたが、店長に触れられた高揚感は、それとは比較にならない大きいものでした。

（ああ、私ったら、なんてことを想像してるの……）

スカートもパンティも脱ぎ、剝き出しのお尻をなでられている情景を想像してしまい、私は自己嫌悪に陥《おちい》りました。いつもほかのパートさんたちやお客さんでにぎやかなホールに二人だけでいるという状況が、いけない空想を広げてしまったのです。

（大学生の息子が二人もいるのに、なんて破廉恥な……）

店長の手のひらは、実にゆっくりした動きで、私のお尻の二つの小山を行き来し、縦溝を優しくえぐり、パンティのラインをなぞってきました。

「岸本さんのお尻、想像してたより、ずっとやわらかいですよ。気持ちいい……」

店長の上擦った声が後ろから聞こえてきました。

「まあ……どんな想像をしてらしたの」

「どんなって、ぼくの想像の中じゃ、岸本さんは服なんか着てませんよ」

当然のように言う口調に、もう言葉も出ませんでした。

タチの悪いセクハラと受け止めるなら、まず自分がお尻を引けばいいのです。ですが私はそうはしませんでした。

（これ、どこまで許せばいいの……）

お尻を突き出した不自然な姿勢のまま、私は体を緊張でガチガチにしながら、同時に小刻みに震えていたのを覚えています。

下半身の違和感に気づきました。

（なんてこと……パンティの中、ぐっしょりになってる）

パンティの奥が、淫らなお汁でベトベトになっていたのです。主人とのセックスでも、最近ではほとんど濡れることなんてなかったのにです。

私は学生時代、ずっと勉強漬けで、恋愛経験はほぼありませんでした。初めての性体験は、二十年以上前、新婚旅行でタイに行ったときです。

そのときの緊張と性的昂《たかぶ》りが鮮やかによみがえってきました。

それでも、店長のいけない行為を許しつつ、私が思っていたのは、せいぜいお尻や胸をさわられることぐらいでした。それ以上の行為に及ぶなどとは、そのときは考えもしていませんでした。そんなことは、善良で小心者の主婦の想像を越えていたのです。

「定休日に女子のパートさんといるとき、いつもこんなことしてるんですか？」

「とんでもない。こんなこと、岸本さんが初めてです。ぼくもドキドキしてるんだ」

振り返ると、店長は怒ったような真剣な表情をしていました。

「岸本さんのパンティを脱がしたい」

まっすぐ私の目を見て、そんなことを言うのです。

「……二人きりのときに、怖い冗談を言わないでくだ――」

いきなり店長に強く抱きすくめられ、言い終えることができませんでした。

「店長、やめっ……ああっ！」

驚いて声をあげた私でしたが、また最後まで言えませんでした。店長の手が私のお尻をわしづかみにしてきたのです。さっきの探りを入れるようなソフトなさわり心地ではなく、文字どおりわしづかみでした。

「岸本さん、キスしてください」

何か拒絶の言葉を口にしようとして、すぐ上の店長の顔を見上げました。

「あんっ、てん……」

今度も私の言葉は店長の唇に塞《ふさ》がれました。

(ああ、私、主人以外の男の人に抱き締められて、キスしてる……！)

性的興奮の前に、そのこと自体の驚きが私の体を巡っていました。全身の血が逆流したような気分でした。

店長はやわやわと舌を絡めてきました。夫ともこんな情熱的なキスをもう十年以上もしていませんでした。

「だめです、こんなこと……不倫じゃないですか」

店長の唇がゆっくりと離れると、私は不安いっぱいの声で店長を非難しました。不倫など、テレビの中の芸能人の話ぐらいにしか思っていなかったのです。

「てんちょ――ああんっ！」

お尻をつかんでいた店長の手が、いつの間にか前に回り、スカートの上から私の性器をなでてきたのです。思わずはしたない声を出してしまいました。

一瞬で膝の力が抜け、私はその場にくずおれそうになりました。店長の腕がしっかり私を支え起こし、なんとかしゃがみ込まずにすみました。

「岸本さん、手を」

よくわからずに、抱かれたまま私は手を差し出しました。

店長はその手を取り、自分の股間に導きました。

「ああ、店長、硬い……」

ズボン越しの勃起したペニスの感触を、私はうっとりとなでました。

(私の人生で、二本目のオチ〇チン……)

そんな考えが頭をよぎり、私も理性のタガがゆっくりとはずれました。

「この裏口に、ぼくの車があります。それで出かけませんか？」

小さな自社ビルの一階が店舗、二階が店長のご自宅、お店の裏口を出ると車庫になっていました。車に乗り込むところは誰にも見られることはありません。

「車を出して少しの間、頭を下げていてください」

スウェーデン製の外車の助手席で、私はお尻を前にずらして頭を下げました。

外が見えないまま、十分ほどが過ぎたころでしょうか。

「もういいですよ。そろそろ着きます」

どこに着いたというのか、店長がちょっと笑いながら言いました。

身を起こすと、家から近くにあるリバーサイドのラブホテル街が見えました。

「どこでもいいですよね？」

店長は私の回答など待たず、一つのホテルの大きな暖簾《のれん》を車ごとくぐりました。恥ずかしながら、こうやって車でラブホテルに入るのだということをそのときに初めて知りました。

「なんだか慣れてらっしゃるわ。奥さん以外知らないなんてウソでしょう、店長？」

「ホントです。さっきも言ったでしょう。ぼくもすごくドキドキしてるんだ」

「でもいま、このホテルに入るのにためらいがなかったわ」

「イメトレしてたんです。岸本さんと二人でここに来る情景をね」

「……いつからですか？」

「岸本さんを面接して採用した日からです……と言ったら驚きますか？」

「……驚きます。私はそのころから狙われてたんですか」

「ここのラブホテル街は昔からあります。でも、ずっとぼくには縁がないものでした。それが、岸本さんが来てから、急に意味のあるところに思えてきたんです。食材の買い出しにこの道を通るたびに、岸本さんとここに来るのを想像してたんだ」

「…………」

暖簾をくぐり、狭い車庫に車を入れ、陰気なオジサンが車の前に立札を立てるのを見つつ、私たちは短い間にそんな会話をしました。

「あの、待ってください。この格好で入るんですか？」

私はコーヒーショップのユニフォームの上にフリースを羽織っただけの姿でした。

「どんな服でも、こんなところで知り合いに会って具合が悪いのは同じですよ」

パネルで部屋を選ぶのも店長にお任せで、私はずっとうつむいていました。

無言で乗った狭いエレベーターの中は、強烈な香水の匂いで澱《よど》んでいました。

（ああ……私、これから店長さんと不倫セックスするんだわ）

狭い周囲を取り巻く経験したことのない非日常感に、めまいがしそうでした。

夫と二人の息子の顔が浮かびましたが、意外なぐらい罪悪感はありませんでした。

通路も不自然なぐらい静かでした。番号が点滅している部屋に店長が入りました。

個室に入り、大きく息をしましたが、緊張は取れませんでした。逆に濃密な香水の香りでむせ返りそうになりました。

「ああ、岸本さん……!」

店長はあらためて私を強く抱き締め、お尻をわしづかみにしてきました。

「私服もいいけど、ユニフォーム姿の岸本さんを抱きたかったんだ。仕事中に悪さをしている実感がある」

「まあ、それで店長もユニフォームなんですか?」

立って抱き合ったまま、店長は私のスカートの中に手を入れてきました。パンティとストッキングの上からお尻をつかんできます。

私がズボンの上から店長の大きくなったペニスをつかむと、店長は「うっ」と腰を引きました。

「いけない人。ユニフォームの中でこんなに大きくしてるなんて」

悪女のような自分の物言いに、自分自身驚いてしまいました。

「……岸本さんが入ってる日、ときどきこうなってたんです」

唇を重ね、激しく舌を絡め合いました。同時に店長の手は、引きちぎらんばかりの勢いで私のブラウスのボタンをはずしていました。

まだブラウスの両手が通ったままなのに、店長は背中に手を回してブラジャーのホックまではずしました。

「ちょっと、店長、落ち着いてください」

「岸本さん、ベッドへ……」

私は投げ出されるようにベッドに横になりました。そうしてスカートもストッキングも一瞬で剝ぎ取られてしまったのです。なすがままに下半身を剝き出しにされていたのに、私は目を閉じ、肩をすくめて胸をかばっていました。

「岸本さん、わりと素朴なパンティはいてるんですね」

白地にレースの地味なものだったので、妙に気恥ずかしかったのを覚えています。

「パンティを男性に見られるのは、ご主人以外、ぼくが初めてなんですね？」

「そうよ。ああ……」

「ぼくも、妻以外の女性のこんなものを見るのは初めてなんだ」

店長はそのパンティにも手をかけ、案外遠慮のない仕草で引きずりおろしました。

そっと目を開けると、店長はいつのまにか素っ裸になっていました。

店長はゆっくりと私に重なってきました。ずっしりと全身にかかる店長の重さは、そのまま私の罪の重さでした。

「岸本さん、入れていいですか？」

「ええ、入れてください、店長……」

短く承認したとき、自分が有罪となったのを強く自覚しました。

「あああっ……てんっ、てんちょう……」

店長のペニスが入ってきたとき、人によってこんなにもちがうものかと驚きました。大きさは主人と大差ないと思ったのですが、太さや長さや形など、まるで顔がちがうみたいに異なるものだと知りました。

「ああっ、岸本さんっ、うちのやつと、全然ちがうっ！」

店長も同じように思ったようでした。遠慮がちだった前後の動きは、すぐに激しいピストン運動に変わりました。

(主人以外の人とセックスしてる……いけないことなのに、いけないことなのに)

いけないことなのに、私はひどく感動を覚えていました。

絶頂に向かいつつあったのですが、店長は動きをゆっくりととめてしまいました。

「……岸本さん、じつは、試してみたいことがあるんだけど……」

歯切れ悪く店長は言い、性器を抜くと、持っていた小さなバッグを開けました。こんなところになにを持ってきたのだろうと車を出るときに思ったものでした。

「岸本さんがイヤなら仕方ないけど、妻はやってくれないので……」

取り出したのは、ローションのボトルとコンドームでした(ローションの名前と使い方は後から知りました)。

「これで……岸本さんのお尻でやってみたいんだ」

「お尻ですって?」

「そう。アナルセックスです。経験ありますか?」

あるはずなどありません。主人とは変化のない普通のセックスばかりです。

「……優しくしてくれます?」

まさかアラフィフになって、こんな十代の少女のような言葉を口にするとは思ってもいませんでした。

「もちろんです……四つん這いになってください」

もぞもぞとうつ伏せになり、お尻を上げました。主人ともしたことがある体位の一つでしたが、怖ろしく恥ずかしく感じました。

「ローションを垂らします。冷たいけど驚かないでください。ぼくもコンドームをはめて、その上にもローションを塗っておきます」

生まじめで気を遣いすぎる店長の気質が、こんなところにもあらわれていました。

「ああ、ヌルヌル……店長の手、いやらしいわ」

初めてのローションの触感を楽しむ余裕はありませんでした。

「入れます。痛かったら言ってください」

お尻の穴に、経験のない突き刺すような感触が走りました。

「……ああっ！」

自分のお尻が、プッと割れ、丸いペニスの先が入るのがわかりました。

「痛いですか？」

「……大丈夫です。そのまま、ゆっくり来てください」

引き裂かれるような感触ですが、怖れていたほど痛みはありませんでした。それよりも、新婚旅行で初めて破瓜を迎えたときのことを強く思い出しました。

「最後まで入った……ぼくのアレ、岸本さんのお尻にすっかり消えてます……動いても大丈夫ですか？」

「大丈夫です。これ、いい……」

上擦った声で言うと、店長はピストン運動を始めてきました。

「あああっ……きっ、気持ちいいっ！　お尻なのに、お尻なのに！」

「お互い、ココは初めてですよね。ぼくたち、ホントに処女と童貞なんですよ」

「ほんと、ほんと、そうね！」

「岸本さん、下の名前で、ヒドイこと言ってもいいですか？」

「あんっ、なんでも言ってください！」

「直子《なおこ》、お前のケツの穴は俺だけのものだ。旦那とするんじゃないぞ」

「わかりました。私のお尻の穴は、店長の……敬一《けいいち》さんだけのものです！」

お尻の穴を通じて、店長と私は、あってはならない絆を結んでしまったのです。

いまでは週一で、お互いこれまでできなかったアブノーマルなセックスを楽しんでいます。

そして最近は、ホテル代がバカにならないので、お店でできないか二人で工夫しているところです。

第二章

若茎を咥えこむ熟女のぬかるみ

ケーブルテレビの保守点検で来た作業員にオナニーを邪魔された埋め合わせを強要し

松坂明子　主婦・四十九歳

私は専業主婦です。夫とはもう何年もセックスはしていません。もともと性欲はそれほど強くないタイプだったので、それでも平気だったのですが、四十代半ばを過ぎてからは、ホルモンの関係なのか、むしょうにムラムラすることが多くなってきました。

外で仕事をしていれば気も紛れるのかもしれませんが、専業主婦のため、日中に一人で部屋にいると、ついオナニーをしてしまうようになっていたんです。

その日も、私は昼下がりの団地の一室で、訪問販売の若い男に犯されるシチュエーションを想像しながらオナニーをしていました。

そして、いままさにイキそうになったとき、玄関のチャイムが鳴りました。

あともう少しなのに……。そう思って私は居留守を使おうとしたのですが、今度はノックの音が響き、さらには大きな声で私に呼びかけるんです。

「松坂《まつざか》さん！　○○ケーブルテレビの者です！　いらっしゃいませんか？」

数日前に、その日の午後にケーブルテレビの保守点検に来るという紙がポストに入っていたことを思い出しました。

仕方なく私はパンティをはき、服装の乱れを直しながら玄関へと向かいました。

ドアを開けると、まだ二十代前半ぐらいの若い男性が立っていました。

彼の顔を見て、私は思わず自分の目を疑いました。実は直前まで妄想していた訪問販売の男性とそっくりなんです。

「○○ケーブルテレビの長谷川《はせがわ》です。本日はケーブルテレビの保守点検にうかがいました。十五分ほど、お時間をいただいて大丈夫でしょうか？」

「え、ええ……。ご苦労さま。どうぞ入ってください」

私は長谷川さんを部屋の中へと導き入れました。

テレビはリビングにあります。私がさっきまでオナニーをしていた場所です。

部屋に入った長谷川さんは、一瞬けげんそうな表情を浮かべました。

ひょっとしたら私のエッチなお汁の匂いがただよってるのではないかと思って体がカッと熱くなり、私はなにげない様子を装《よそお》いながら窓を開けました。

だけど長谷川さんは、なにも言わずにテレビの前に座って、点検用の機械をひろげはじめました。

テレビにつながっていたケーブルをそれに挿して、何か電気信号のようなものを確認しているんです。

真剣な表情で作業をしている長谷川さんを、私はじっと見つめつづけました。

密室に若い男と二人っきりという状況は久しぶりです。さっき絶頂の手前まで昇りつめていた私の体は、すぐにまた熱くほてりはじめました。

同時に下着の奥がヌルヌルしはじめ、すごくもどかしい感覚になるんです。

ついモジモジとお尻を動かしてしまい、そうすると今度はその動きで割れ目がヌルリと滑り、下着まで濡れてしまうのでした。

さらに吐息が荒くなってしまいます。

私の異変に気がついているのか、長谷川さんはチラチラとこちらをうかがっています。

その視線がまた私を欲情させるんです。

さっきの妄想の中の訪問販売員のように襲いかかってくれないかしらと思いましたが、長谷川さんは雑念を遮断しようするかのように作業に没頭していきます。

どんどんエッチな気分になってきた私は、長谷川さんの横に膝をついて四つん這いになり、彼が作業している機械をのぞき込みました。

「これはなにを検査してるの？」

そう問いかけながら、上目づかいに彼の顔を見つめました。

その直前にブラウスのボタンを一つ多めにはずしておいたので、長谷川さんの位置からだと胸の谷間が丸見えのはずです。

「い、いえ、これは……」

長谷川さんはしどろもどろです。その視線は私の胸元に釘づけです。必死に目をそむけようとしているものの、どうしても吸い寄せられてしまうようです。

私はさらに片膝を立てました。スカートがずり上がり、今度は愛液を吸ってシミが出来てしまっているパンティが丸見えになりました。

一瞬、そこに視線を向けた長谷川さんですが、すぐに我に返り、「あっ、すみません」と謝って、また作業に戻りました。

やはり妄想のようにはいきません。もしも下手なことをして、挑発が自分の勘違いで警察を呼ばれたら困ると考えているのでしょう。

そこで私ははっきりと言葉にして誘惑することにしました。

「実は私、オナニーの最中だったのよ」

そう言って、唇をペロリと舐めてみせたんです。

「そ……それはぼくが邪魔をしてしまったということですか？」

生唾を飲み込んで長谷川さんはたずねました。

「そうよ。責任をとってくれないかしら」

「で……でも……責任と言われましても……」

ふと見ると、作業着を着た長谷川さんの股間は大きくふくらんでいます。私がオバサンでも、やはり若い男の性欲は抑えきれないようです。

あと、もう一押しです。

「ねえ、プラン変更してあげてもいいわよ」

「……プラン変更？」

「そうよ。いま契約しているのよりもチャンネルを増やしてあげる。その契約を取ってきたって会社に報告したら、あなたの手柄になるんじゃないの？」

「あ、そうですね。ありがとうございます。それなら、サービスしないといけないですよね？」

「そうよ。いっぱいサービスしてもらわなきゃ」

長谷川さんに私とセックスする口実を与えてあげたんです。そしたら長谷川さんはもうそれ以上、迷うことはありませんでした。

「ぼく、どうすればいいですか？」

「そうね。まず、そこに立ってちょうだい」

言われるまま、長谷川さんはその場に立ち上がりました。

だけど、勃起したペニスがパンツの中でつっかい棒のようになっているのか、長谷川さんは腰を引いた、みっともない格好になっているんです。

「どうしたの、その格好？」

「いえ、ちょっと……痛くて……」

「じゃあ、解放してあげるわね」

私は膝立ちになって長谷川さんのベルトをはずし、ジッパーをおろしてあげました。手を離すと、作業ズボンが足下にすとんと落ちて、ビキニタイプのブリーフをはいた股間が露《あらわ》になりました。

伸縮性のある素材だから、勃起したペニスの形がはっきりとわかるんです。

「これも脱がしちゃうわよ」

ブリーフのウエスト部分に指を引っかけるようにし、そのまま引っぱりおろしました。すると勃起したペニスの先端が引っかかるんです。

それでも、そのまま無理やり脱がすと、飛び出したペニスが勢いよく頭を跳ね上げて、下腹に当たってパン！　と大きな音が鳴りました。

「す……すごいわ……」

私は思わず、ため息を洩らしてしまいました。長谷川さんはかわいらしい顔とは裏腹に、ペニスは太くて長くて、すごく逞しいんです。

しかも、力がみなぎっていて、ピクピクと細かく震えていて、私は惚《ほ》れぼれしてしまいました。

「いけない子ね。点検作業をしながら、こんなになっちゃって……」

「すみません。だけど、奥さんがすごくエロいから」

「あら、私が悪いの？　じゃあ、おわびをしなきゃ」

私はペニスを右手でつかみ、その手を上下に数回動かしました。

「ううっ……」

その程度でもかなり気持ちいいらしく、長谷川さんは低くうめき、体をくねらせました。

「あぁぁ、すごく硬いわ。あぁぁん、おいしそう……」

口の中に唾液が溢れてきました。それをゴクンとのどを鳴らして飲み込み、私は亀頭をペロッと舐めました。

「ううっ……」

舐められて気持ちいいのか、長谷川さんのペニスは私の手の中でビクンビクンと暴れるんです。

その反応がうれしくて、私はもっと気持ちよくしてあげたいと思いました。

ペニスの根元を優しくつかんで先端を手前に引き倒すと、私はそれを一気に口に含みました。

「あううっ……奥さん……」

苦しげな声を頭上で聞きながら、私は飢えた獣のようにペニスをしゃぶりはじめました。

それは比喩でもなんでもありません。四十九歳という熟れきった女体は、セックスレスの日々の反動で、どうしようもなく飢えてしまっていたのです。

溢れ出る唾液をジュルジュルと啜りながら、舌を絡め、頰をすぼめ、口の中の粘膜でネットリと締めつけながら首を前後に激しく動かしました。

「うう……す……すごいですよ、奥さん、あああっ……」

長谷川さんは苦しげな声を洩らしながら体をくねらせました。

その反応がかわいらしくて、さらに熱烈にしゃぶってあげていると、口の中に不意に生臭い味がひろがりました。

我慢汁がにじみ出てきているようです。それでもかまわず激しくしゃぶってあげていると、長谷川さんが切羽詰まったような声を張り上げました。

「あううっ……。だ……ダメです、奥さん。ううっ、で、出ちゃう！　はうう！」

長谷川さんがそう言うのと同時に、口の中のペニスが鋼のように硬くなり、ビクン！と激しく脈動しました。

次の瞬間、生温かい液体が私ののど奥目がけて迸りました。

「うっ、ぐぐっ……」

私はむせ返りそうになりながらも、ペニスを咥えたままじっと耐えました。

そんな私を見おろしながら、長谷川さんはドピュン！　ドピュン！　と射精を繰り返すんです。

「すみません、ぼく……。あんまり気持ちよすぎて我慢できなくて……」

ようやく脈動が収まると、長谷川さんは申し訳なさそうに言って腰を引きました。

口の中から大きなペニスがズルンと抜け出て、唾液と精液が混じり合った液体が長く糸を引きました。

口の中に射精されたのは初めての経験でした。生臭い匂いがただよい、それがゾクゾクするほど興奮してしまうんです。

私は上目づかいに長谷川さんの顔を見上げながら、ゴクンとのどを鳴らして精液を飲み干してあげました。

「お……奥さん……」

長谷川さんはかなり驚いたようです。

「少し苦いけどおいしかったわ」

私がペロリと唇を舐め回すと、やわらかくなりかけていたペニスがまたムクムクと頭をもたげはじめ、すぐに天井を向いてそそり立ちました。

でもオマ○コに入れることができそうな状態です。

だけど、その前にもっと楽しみたいと私は思ったんです。

「今度は長谷川さんが私を気持ちよくしてくれる番よ」

「はい、ぼく、がんばります」

「じゃあ、ベッドへ」

隣の部屋が寝室になっていました。

ベッドが二つ並んで置いてあるんです。私は服を脱いで、自分用のベッドにあおむけに横たわりました。

長谷川さんも服を脱ぎ、ベッドに上ってきました。そして、私におおい被さって全身をくまなく愛撫してくれることを期待したのですが、彼はなぜだか私と並ぶようにあおむけに横たわるんです。

「どうしたの？　今度は長谷川さんが私を気持ちよくしてくれる番でしょ？」

私がそうたずねると、長谷川さんはいたずらっ子のような笑顔をこちらに向けて言いました。

「はい。奥さんを気持ちよくしてあげますから、ぼくの顔を跨《また》いでください」

「え？　それはどういう意味？　いきなりシックスナイン？」

「違いますよ。ぼくの顔を跨いで立って、そのままお尻を落としてきてほしいんです。ぼくはあおむけに寝て舌を動かしてますから、気持ちいい場所を奥さんが自分で押し当ててください」

そう言って長谷川さんは舌を伸ばし、レロレロと動かしてみせるんです。

私が訪問販売員に犯される状況を妄想して興奮するのと同じかそれ以上に、長谷川さんもエロいことを考えるのが好きなようでした。

それとも、AVの影響でしょうか？　最近の若い男のセックスはだいたいがAVのまねをするようですから、そういうAVを観たことがあったのかもしれません。それで自分を誘惑してくるエロい熟女相手に、その行為を実践してみたいと思ったのでしょう。

もちろん私は拒否したりしません。その行為がエロければエロいほど、私も興奮してしまうんです。

「わかったわ。そのかわり、しっかり舐めてね」

そう言うと私は、ベッドの上に立ち上がり、足のほうを向いて長谷川さんの顔を跨ぎました。

「うわ、すごい……」

長谷川さんが感動の声を洩らしました。それと同時に、切り倒された大木のように横たわっているペニスがビクンと震えました。

さっき私の口の中に大量に射精したばかりだというのに、また怖いほどに勃起しているんです。これから私がしようとしている行為が、それほど卑猥だということです。

「奥さん、早く。ぼく、もう待ちきれませんよ」

そう言うと長谷川さんは、舌を伸ばしてレロレロといやらしく動かして催促するんです。

その舌の動きを見ただけで、私のアソコはムズムズしてしまいます。

「わかってるわ。こうすればいいのよね？」

私は両膝に手を置き、和式トイレで用を足すときのように、ゆっくりと腰を落としていきました。

「うう、すごい。奥さんのオマ◯コがどんどん迫ってきますよ」

「あぁ……いや……。そんなこと言わないでぇ」

悩ましく声を洩らしながらも、さらに腰をおろしていくと、張りついていた肉びらがぴちゅっという音とともに剝がれ、ネットリと左右に開いていくのがわかりました。

「うわぁ、すげえ……」

「はああんっ……」

私はビクンと腰を引きました。熱くとろけたアソコの粘膜に、長谷川さんの吐息がかかったんです。

「どうして離しちゃうんですか？　もっと下までおろしてくれないと舐められないですよ」

ペニスをピクピク痙攣させながら、長谷川さんは私を挑発するように舌を動かしてみせます。

どうしてこんなことをしているのか？　ふと我に返ると、自分が置かれた淫らすぎる状況にとまどいながらも、私はもう性欲の奴隷となって、長谷川さんの顔にお尻を近づけていったのです。

「さあ、これでどう？　いっぱい舐めて」

私はそう言って、長谷川さんが伸ばした舌先に女体のいちばん敏感な部分を押しつけました。

「あっはあああん……」

すでに硬く勃起していたクリトリスが舌先でヌルンとなでられた瞬間、股間から脳天にかけて甘美な衝撃が駆け抜けました。

その快感をもっと味わいたくて、私は排泄ポーズで長谷川さんの口元に陰部を押しつけつづけました。

ふつうにクンニされるだけでも恥ずかしいのに、こんな体勢で陰部を舐められるのは恥ずかしすぎて頭がぼーっとしてきます。

だけど、それがまた快感を何倍にもするんです。

敏感になった私の体の中でもいちばん気持ちいい場所であるクリトリスに長谷川さ

んは吸いつき、赤ん坊が乳首を吸うようにチューチュー吸いはじめました。

「はあああんっ……。だ、ダメよ、そんなことされたら、私……。はあああんっ……」

膝がガクガク震え、もう足腰に力が入りません。私はもう排泄ポーズでしゃがんでいることもできなくなり、完全に長谷川さんの顔の上に座り込んでしまいました。

「ううぅ……うぐぐ……」

うめき声を洩らしながらも、長谷川さんはクリトリスを吸いつづけるんです。しかも、ただ吸うだけではなく、前歯で軽く噛んで舌先を高速で動かしてクリトリスをくすぐるように刺激するんです。

「ああ、いや……ダメ……はあああん……」

強烈すぎる快感から逃れるように私はお尻を浮かせました。そしてクリ責めから逃れようとしたのですが、長谷川さんは下から私の体をぎゅっと抱き締めて、さらに激しくクリトリスを舐めたり吸ったりするんです。

「あああん……ダメよ。もう限界。ああんっ……お願い、やめて……ああっ……」

いつの間にかシックスナインの体勢になっていた私は、目の前にあるペニスに食らいつきました。

「ううっ……」

長谷川さんが気持ちよさそうにうめき、口の中でペニスがビクンビクンと脈動します。その動きが私をますます興奮させるんです。

同時にクリトリスに受ける快感がさらに強烈になったように感じました。

そして私の肉体に、すぐに限界が訪れました。

「ああんっ……もう……もうイク……あああんっ……い……イクイクイクー！」

全身の筋肉が硬直し、次の瞬間、私はぐったりと長谷川さんの上に体を預けました。

「奥さん、イッたんですか？」

私の下から這い出ると、長谷川さんは愛液と唾液にまみれてしまった顔でうれしそうにたずねました。

「ええ……イッちゃったわ。こんなの初めてよ」

私は息も絶えだえといった状態でそう答えました。

まじめそうに見えた長谷川さんが、こんなエッチをするなんて意外でした。だけどそれはうれしい誤算というやつです。

「奥さん、ぼく、もう入れたくてたまらないです」

そう言って長谷川さんは自分でペニスを握り締め、さらにエネルギーを充塡《じゅうてん》するように上下に数回しごきました。

亀頭が破裂しそうなほどふくらみ、真っ赤に充血しています。

顔の上に座った状態でのクンニという変態的な行為でエクスタシーに達した私でしたが、まだクリトリスしか責められていないんです。

膣の奥のほうがヒクヒクしながら、さらなる快感を求めていました。

「あああん、入れてぇ……。その逞しいものを私のオマ○コに突っ込んでぇ……」

私はその場に四つん這いになって、長谷川さんに向けてお尻を突き上げました。この卑猥な状況には、正常位よりもバックのほうがふさわしいと思ったんです。

私のその四つん這いポーズに、長谷川さんもよろこんでくれました。

「あぁ……奥さんのこの大きなお尻……たまらないです」

長谷川さんは私のお尻をなで回し、ほおずりをしました。そして両手でお尻の肉をつかみ、親指に力を込めたりゆるめたりしはじめたんです。

その動きに合わせてお尻の穴とオマ○コが開いたり閉じたりを繰り返し、すっごく恥ずかしいんです。

その恥ずかしさがやはり快感で、愛液がどっと溢れ出て、両膝の間に滴《したた》り落ちるほどでした。

「もう我慢できないわ。早く入れてぇ」

「わかりました。でも、ちゃんと契約をお願いしますね」

「わかってるわ。チャンネルをいっぱい増やしてあげる。だから、早く！」

私が懇願すると、ようやく長谷川さんはペニスをアソコに押しつけてきました。だけど、両手はお尻をつかんだまま、腰の動きだけで入れようとするから、ヌルリヌルリと滑り抜けるだけで、なかなか入らないんです。

「なんだか難しいな。奥さん、手伝ってくださいよ」

もちろん私は拒否なんかしません。

股の間から手を伸ばして長谷川さんのペニスをつかむと、その先端を膣口に当てて、自分からお尻を押しつけていきました。

すると巨大な亀頭が、ヌルンと簡単に滑り込んでしまいました。

「ううう っ……。奥さんのオマ○コ、すごく熱くなってますよ」

「はあぁぁん……もっと奥まで入れてぇ……。奥のほうが……奥のほうがすっごくもどかしいのぉ……」

もう手を離してもペニスが頭を跳ね上げることはありません。両手を床につき、お尻を突き上げた状態で私は長谷川さんにお願いしました。

亀頭が埋まった状態では、さすがに長谷川さんもそれ以上焦らすことはできないようでした。

「あぁ……すっごく狭いです。ああ、奥さんは名器ですね。ううう……」

それはサービストークなのかもしれませんが、長谷川さんは気持ちよさそうな声を洩らしながら、しっかりと奥までペニスを突き刺すと、今度はまたゆっくりと引き抜いていき、その動きを徐々に激しくしていきました。

「あああんっ……はあああんっ……」

長谷川さんの腰の動きに合わせて、私の口から喘ぎ声がこぼれるんです。ずっとセックスレスだったので、その快感は強烈なものでした。

「ううっ……気持ちいいです……。奥さんも気持ちいいんですよね？　お尻の穴がヒクヒクしてますよ。あああ、なんてエロいんだろう」

長谷川さんはお尻が好きなのか、両手でなで回しながらペニスを抜き差ししつづけました。

擦れ合う粘膜がグチュグチュ鳴り、ペニスでかき出されるようにして愛液がポタポタ滴ります。

「ううっ……最高ですよ、奥さん。こんな気持ちいい思いをして、おまけに契約が取れるなんて……ううう……」

「あああん……もっとぉ……もっと突き上げてぇ……」

「こうですか？　ううっ……これでどうですか？」

ズンズンとペニスが膣奥を突き上げ、そのたびに、私は意識が飛んでしまいそうになるんです。

そして私はまたエクスタシーに呑み込まれていきました。

「ああっ……またイク……イッちゃうう！　はっあああん！」

「ううっ……ぼ……ぼくも……で、出るぅ！　うううう！」

長谷川さんがぬかるみからペニスを抜くと、私のお尻に温かな液体が大量に降り注いだのでした。

その日は一日中、余韻にひたっていました。

自分があんな淫らなことをしたとは信じられなくて、いま、思い返しても淫夢を見てたような気がする出来事でした。

魔が差した知人女性への痴漢をきっかけに欲望のままにお互いの体を求め合い……

井上雅史　会社員・四十五歳

以前は、お粗末な事件を目にすると、嘲《あざけ》りのネタにしていましたが、最近になって、人は誰でも少しのきっかけで、そちら側に回りかねないと思うようになりました。

この年にして初めて、満員電車の痴漢をしてしまったせいです。

魔が差す、とは実に便利な言葉で、まさにあのとき、なぜセーブできなかったのか、自分でもわかりません。長年の電車通勤で、その一線を越えない術《すべ》は身につけていたはずでした。

最近家内が、夜の営みを拒《こば》むようになり、悶々《もんもん》としていたのは確かです。若いときなら簡単に、自分で抜いたり風俗に行ったりして解消していたのでしょうが、年とともに、それすらも億劫《おっくう》になっていたのです。そのくせ痴漢をするというのは、年を取ったぶん、普通の刺激じゃ物足りなくなっていたのかもしれません。

あの日は、遅れの出た電車があって、夕方のわりに混雑していました。

目の前で吊革につかまっていたご婦人は、自分と同じか、それ以上の年配に見えました。年配女性といっても、身ぎれいで、品のよさを感じました。

熟女好きというわけでもないのですが、鼻先をくすぐるよい香りや、股間にあたる尻の柔らかさに気を取られました。

冬物のコートを挟んでも弾力を感じる尻は、じかにさわったら、どれほど柔らかいのだろう？　なんて考えていたら、股間がムクッと反応してしまったのです。あわてて腰を引きましたが、すぐに人の波に押し戻されてしまいました。

一所懸命気を逸《そ》らそうと、翌日の会議のことなどを思い浮かべてみたのですが、あせればあせるほど、全身が汗ばんでほてってしまい、勃起が治まらなくなっていました。

過去に幾度も、そのような状況は経験しているのに、その日の私はやはり、どうかしていたんだと思います。

次の駅でも人がたくさん乗ってきて、よりいっそう彼女に密着しました。その拍子で、下げていた手までが、ちょうど彼女の尻に当たりました。

反応を見ていると、たいして気にも留めていないように見えました。窓に映る顔を盗み見ましたが、マスクをかけていて、表情までは読み取れませんでした。

そのとき、悪魔がささやいたのです。こんなオバサンだから、痴漢されるなんて思ってもいないんじゃないか？　少しくらいさわっても気づかれないんじゃないか？　って。

一気に鼓動が速くなりました。

電車の揺れに合わせて、手の甲を押しつけてみました。柔らかな肉の感触に気持ちよさを覚え、さらに強く押しつけてみました。

荒くなってしまう呼吸を抑えるのに必死でした。

もう止めておけという自分と、もうちょっといけるかもという自分との葛藤《かっとう》が始まりました。

あと少しだけ……尻のカーブをなぞってみたい、その誘惑に負けて指先を当てたとき、気のせいか、向こうから押しつけてきたように感じたのです。おや？　と思いながら、窓ガラスに映った顔を再び盗み見ると、一瞬目が合ったような気がしました。

次の瞬間、ふいに彼女が首をひねって振り向こうとしたのです。

まずい！　と一気に血の気が引き、とにかく次の駅で降りることに決めたのです。

停車するまでの数十秒が、とても長く感じました。

うつむき加減で足早に、開いたドアを突き進みました。大丈夫、いくらでも言いわけできるさ、そう言い聞かせながら、人ごみに紛れて改札を出ました。

自宅よりもだいぶ手前のその駅に降り立ち、ほっと一息ついたとき、ポンポンと背中を叩かれました。

振り向いて、ぎょっとしました。マスク姿のご婦人が立っていたのです。

一瞬のうちに、会社や家族のことが頭を駆け巡りました。さらに彼女は、「井上《いのうえ》さん？」と私の名前を口にしたので、頭がパニックになりました。

よくよく見てみると、なんと、同じマンションに住む奥さんだったのです。ふだん見かけるときより、だいぶめかしこんでいたので気づかなかったのです。

親しくはありませんが、会えば互いに会釈する顔見知りです。確か旦那は、大学教授だと家内から聞いたことを思い出し、せめて、怖い筋じゃなくてよかったと少しホッとしました。

それでもまだ、潔く謝るべきか、しらを切りとおすべきか、回らない頭で必死に考えていると、

「ウフフ、そんなにびっくりした顔なさらなくても、大丈夫、誰にも言いませんわ」

とすべてお見通しのようにささやかれてしまいました。

気まずさのあまり、どうしてよいのかわからずに、ペコペコ頭を下げながら口ごも

っていると、思いがけない言葉をかけられました。

「この駅にご用事でも？　なければ時間潰ししませんか？　どうせ電車は混んでいるし」

見逃してくれるならなんだって言うことを聞きます、という気持ちでうなずきました。どちらにせよ、そんな気分で同じマンションへの帰路に着く気にはなりませんでした。彼女につられて、あてもなく歩きだしていました。

彼女は勤め人ではなく、友人との約束があって出かけたが、急にキャンセルされてさびしく帰るところだったと言いました。

「せっかく美容院まで行ったのに。ねえ、あなた代わりにつきあってくださる？」

そう聞かれて、高級な寿司でも奢《おご》らされるのかと覚悟しましたが、彼女が足を止めたのは、ギラギラとしたネオンの灯《とも》るラブホテルの前でした。

「さっきの……続きを、してもいいのよ」

彼女はいつの間にか、肘がぶつかるくらい、ぴったりと体を寄せてきていました。

「早く入らないと、誰かに見られちゃうわ」

促されるまま、ホテルに入っていました。

部屋に入ると、彼女はようやくマスクをはずしました。マスクをはずして顔をさらしたとたん、強気だった彼女の口数が少なくなり、しおらしくなっていました。

ホテルに入ったということは、互いに不利な秘密を共有したということになります。

そうなったことで気を許したのか、彼女はさらに秘密を打ち明けてきました。

「内緒よ。実は今日、彼氏とデートのはずだったの。無理して時間を作ったのに」

男に飢えているわけじゃない、と言いわけしたくなったのかもしれません。

聞いてなるほどと思いました。それならば、勤め人でもないのに、あんな満員電車に乗っていた理由もわかります。不倫相手と会えなくなって欲求不満のときに、私に痴漢をされて、変な気分になってしまったというわけです。身元を知っているので逆に、安心して誘ってきたのでしょう。

いずれにしても、普通の主婦が同じマンションの住人をホテルに誘うというのは、ただならぬ状況です。よほど欲求を持て余しているのだろうと想像できました。

顔をまじまじ見たのは初めてでしたが、五十は軽く過ぎているように見えました。特別美人ではないけれど、丸い頬やぽってりした唇には、まだ十分に色気がただよっているように見えました。緊張のためか、興奮のためか、瞳が潤《うる》んでいるように見え、目尻のしわにアイシャドウがにじんでいました。

過去に彼女と出くわしたシーンを思い浮かべていました。

朝のゴミ捨て場、エレベーターの中、近所のスーパーなど。日常の場面を鮮明に思い出すほど、ホテルの部屋でいっしょにいることに、あらためて興奮してきました。

電車の中で感じた尻の柔らかな感触が、股間によみがえってきました。少々強引に抱き寄せると、コートだけを脱がせて後ろを向かせました。

「ここに、立ってください」

自分も上着を脱いで、ネクタイだけはずしました。電車の中のイメージのまま、責めてやろうと思ったのです。壁に手をついて立つ彼女の背後に体をぴったりくっつけて、ふっくらとした尻に下腹部をこすり合わせました。

電車の中で嗅いだ匂いは、美容院帰りの髪からただよっていたようです。きれいにカールした髪に鼻先を埋《うず》めて思いきり吸い込みました。股間を突き出すと、薄い素材のスカート越しに、柔らかな尻肉の感触が伝わってきました。

すると彼女は、待っていましたとばかりに、すぐに吐息を洩らしはじめたのです。

「アッ、ハフ、ウウン、ドキドキしちゃう……フッウ〜ン」

大学教授の奥様だと聞いてから、堅苦しいイメージを勝手に持っていた私は、それをぶち壊していることに、昂《たかぶ》りを増していきました。

再びムクムクと頭をもたげはじめた股間を、電車と同じように、そーっと押しつけて尻のワレメに食い込ませていきました。コートの厚みがなくなると、熱くほてった体温が伝わってきました。

「痴漢のあとを追ってきて、続きをしろだなんて。とんでもない奥様ですね」

耳もとでささやくと、「ハァ、アハァ」と、息を荒げながら、体をよじらせました。

ぴっちりとしたセーターは、二の腕や背中にまでついている贅肉を浮き上がらせていました。尻だけでなく、体中がムチムチしていました。

電車の中では気づかなかったのですが、顔を寄せてみると、肌がとても白く、ふっくらとした耳たぶや首筋のキメの細かさが目にとどまりました。

舌を伸ばしてペロペロ舐めてみると、「キャッ」と小さく悲鳴をあげてのけぞりました。

もしも電車の中で、こんなふうに舐めることができたら、どんなに興奮するだろうなあ、なんて想像してみると、股間が力みました。

「ア、アア、だ、め、私、そんなふうにされたら、弱いの。ハッ！　アア、ン」

ねっとりした喘ぎ声をあげて、彼女のほうから尻を突き出してきました。感度のよさは抜群のようでした。

痴漢をされている間も、そんな声を押し殺していたのかもしれません。

股間をこすりつけながら、そーっと手を這わせました。電車の中で確かめることのできなかった尻のカーブを指先に感じながら、ゆっくり、ゆっくりなで回したのです。盛り上がった尻の肉をキュッとつかんでみると、やはりとても柔らかく、指が沈みこむほどでした。

なで回していると、パンティラインが食い込んでいる感触がありました。そこからはみ出した肉の感触をたどっていると、勃起はさらに激しくなりました。

プロの女や若い女では味わえない、崩れた体型のラインに、どこにでもいる人妻のなまなましさを感じたのです。

もう片方の手で、ムチッとした腰のラインをなぞり、しだいに前のほうをまさぐっていきました。

くびれこそないものの、下腹のあたりから胸に続く段差は大きく、かなりの巨乳であることがわかりました。胸にはほかの部分と違って、ブラジャーのパリッとした感触がありましたが、それを圧し潰す勢いで強くもみました。

私の手は標準的な大きさですが、目いっぱい広げても指のすき間からこぼれるほどのボリュームがありました。

尻とオッパイを同時に責めていると、とうとう彼女はじれったそうに腰をくねらせはじめていました。そんなことはお構いなく、荒くなる息を耳もとに吹きかけながら、ゆっくり、じわじわとさわりつづけていました。

「じっとしていないと、痴漢は手を止めちゃいますよ。周りにバレちゃいますから」

ささやきながら、周囲にたくさん人がいるような場所でほんとうにこんなふうに責めてみたら、さぞ愉しいだろうなあと想像しました。

手をさらに下に伸ばして、ひらひらとしたスカートをたくし上げました。その中に、ゆっくりと指先を移動させました。

ストッキングに包まれた太ももや尻は、じっとりと汗ばんでいました。閉じていた太もものすき間に強引に指をねじ込んでみると、ようやく、もっとも深い秘部に到達しました。

そこは、ぐっしょり濡れていました。ストッキングにまでにじみ出ていたのです。

「おやおや？　すごいことになっている。まさか電車の中から、こうなっていた？」

その部分をしっかりと眺めてみたくなり、しゃがみこんでスカートの中に頭を突っ込みました。

汗に蒸れたストッキングをずりおろすと、パンティの食い込んでいる白い巨尻が現れました。彼女が脚をふるわせるたび、プルン、プルンと揺れていました。

そのワレメに顔を埋めると、つきたての餅みたいに頬に吸いついてきました。

「ウグッ、アヒ、ヒッ、アア、恥ずかしいわっ、はぁん」

吊革につかまって立っている女のスカートの中に頭を突っ込んでいることを想像しながら、パンティをずりおろしました。

尻肉に指を食い込ませてつかみ、両側に押し広げました。いやらしい亀裂が丸見えになりました。

真っ赤な亀裂は、ジュクジュクに湿っていて、髪からただよった上品な香りとはまるで違う、魚介のような匂いを放っていました。たった一枚のスカートを挟んで、中と外ではこうも違うものかと思いました。人妻の、その境界線を自由に行き来できる悦びを噛みしめていました。

大学教授の奥様だろうがなんだろうが、一皮めくってみれば、欲求不満の肉のかたまりに違いありません。

分厚い肉ヒダから滴《したた》る液を、舌で絡め取りながらベロンと舐めると、さすがに彼女も声を荒げて悶《もだ》えはじめました。

「ヒィン！ ヒッ、ヒッ、ああ、待って、もう立っていられない、許して、ハヒン」

私は再び立ち上がり、ファスナーをおろして、ムスコを引っぱり出しました。久しぶりに、誇らしいほどギンギンに張り詰めていました。

丸出しになった尻に熱い股間を押しつけて、ネッチョリしている肉ヒダの上で数回すべらせてから、亀裂に突き立てました。

少し腰を突き上げただけで、亀頭がニュルッ！　とワレメの奥にすべり込んでいきました。彼女の穴は待っていたかのように、すぐにキューーッとすぼまってきました。

「す、すごい。硬いのが、入ってきた。気持ちいい。アアン、アヒ、アヒ、ン！」

喘ぎ声に合わせてギュインギュインとすぼまる穴に、カリ首を締め上げられました。ムチムチとした外見と同じように、穴の奥まで、ふっくらと柔らかな肉におおわれているような感触でした。

腰を振らずに、しばらくじっと、その感触を味わっていると、彼女のほうから尻を揺すって動かしてきました。

「アッ、アーッ！　いい、いいっ、ハウ、アッハン、アッハン」

喘ぎ声を出すその口元を、手で塞《ふさ》ぎました。

そのまま、もう片方の手を、セーターの中にすべり込ませました。

ブラジャーからオッパイを引っぱり出すと、指先に、大粒のコリッとした乳首が当たりました。硬くしこって、いかにも敏感そうな乳首でした。それをつまんでこね回していると、口を塞いでいた指先にしゃぶりついてきたのです。

指先に、唾液と口紅がべっとり付着しました。

私の指を咥えこみながら、フガフガとうめき声をあげていました。

「奥さんが、痴漢のチ○チンを入れてよがるなんて。人は見かけによりませんね」

耳たぶに唇をつけながらささやくと、さらに穴の奥が締まってきました。

「ムッフ〜ン、ダメェ、イグ、イグ、ムフッ！　ハァ〜ッ！」

くぐもった悲鳴をあげながら腰から崩れ落ちた彼女は、そのまま床に膝をついて尻を突き出していました。挿入したまま、スカートをまくり上げると、ぱっくり割れた亀裂がよく見えました。私のものを根元まで呑み込んでいるその穴を見つめながら、猛然と突きまくっていました。

白い尻には、私の食い込ませた爪痕が赤く残っていました。乱暴にすればするほど、満たされていく支配欲に、恍惚《こうこつ》感を覚えました。

「ハァ、ハァ、ハァ、ハァーッ、出るっ！」

こみ上げてきたものをこらえることもなく、何も聞かずに彼女の中にぶちまけました。私の妄想では、もしも痴漢をして挿入まで果たせたならば、性便器のように排出するのが理想だからです。

服を着たまま挿入したのは初めてでしたが、そうしてみると、相手との距離を保ちつづけることができるのでした。肌を合わせていたら、最後まで、卑劣な痴漢でいられなかったかもしれません。

ようやく萎《な》えた股間のモノをズボンに押し込んで上着を羽織ると、スマホが光っていることに気づきました。帰宅が遅いので、家内から連絡が入っていたのです。

「どうぞ、私は支度をするから先に出て。もし、またこんな機会があったら……」

尻を丸出しにしたままで床に転がっていた彼女がつぶやきましたが、その先を聞かずにうなずいて、逃げるようにホテルを出ました。

射精を終えた私の目に映ったのは、魅力的でもなんでもない、ただの太ったオバサンだったからです。

あれからまた何度か、マンションで彼女と顔を合わせましたが、まるで何ごともなかったように、互いに挨拶を交わしています。

いま振り返ると、相手がたまたま好色な不倫妻でよかったようなものの、一歩まちがえればたいへんなことになっていた、とゾッとしています。超えてしまえば、あまりにもあっけない一線だったのです。満員電車で垣根の低そうな熟女には、要注意です。

家庭訪問に訪れた子どもの担任教師に乳首を吸われながらヌレヌレのま○こを……

宇野恭子　主婦・四十七歳

子どもが好きな主人の求めに応じるままに、五人の子どもを産んで育てました。いちばん下の男の子が中学に上がるころには、私ももう四十代半ばになっていました。でも女としての輝きは失わないようにしようと気をつかってきたせいか、この年齢になっても、それなりというか、人にはよく「五人も子どもがいるようには見えない」とびっくりされるので、少しはイケてるところもあるのかなと思います。もちろん、美熟女とまではいきませんけど。

末っ子が中学二年のときの担任が、江川《えがわ》先生でした。三十七歳とのことでしたが、いまふうのさわやかな顔立ちと服装で、それでいて指導のほうは意外と熱血漢で、授業参観や三者面談のとき、たのもしい先生だなと感じたのを覚えています。

なので、家庭訪問の日程が決まってからは、自分でもおかしくなるくらい先生の訪問を心待ちにしていました。そして、家に上がってもらってからリビングで向き合ってからは、なんだかずっとドキドキしていたのです。

考えてみれば、結婚してからそんなふうに若い男性を家に上げて二人きりになるなんて、たぶん初めての経験です。もちろん上の四人のときも家庭訪問はありましたが、女性の先生か年配の先生ばかりでした。

あたりまえのことですが、最初はふつうに息子のことをまじめに話していました。でも正直言って、私はちょっと上の空でした。熱心に話している先生の顔や体を、ついついじっくり見ていたのです。

いけない、私は母親なんだ、息子のことをもっと熱心に話そう、そう思っているのに、なんだかいつもの自分ではない感じです。高校時代、初めて自分の彼氏を家に呼んで、部屋で二人きりになったときのことなんかを思い出してしまいました。

「すごく気のきく、落ち着いたお子さんですよね。とても末っ子とは思えません。周りにも気配りできるし、ぼくのサポートもしてくれるし、きっと家庭が落ち着いてるからでしょうね」

そんなふうにいいことを言ってくれて、私はますます先生に好意を持ってしまいました。いまになって思い返せば、すっかりいい気分になってしまった私は、どこかで先生とどうにかなりたいと期待していたのです。いけない妻、いけない母親ですが、家の中で二人きりという特殊な状況の中で、私は完全に舞い上がっていたのです。

ルート的に、私の家が最後の訪問でした。帰宅した息子は、先生に挨拶してから塾に行ってしまいました。ということは、上の子たちや主人が帰宅するまでの二時間近くは先生と二人きりということです。

「たいへんなお仕事ですね。うちが終わったら、早く帰りたいでしょう」

いちおうそう言ってみると先生は即座に否定しました。

「いや、それはありませんよ。独身だから帰ってもどうせ一人だし、あとは一人で食事してテレビ見たりするぐらいです」

そう言って江川先生は笑いました。それがなんだか、もっと私といっしょにいたがってるように聞こえました。もちろん私の勝手な解釈ですけど。

「じゃあ、もう少しお話できますか？」

「はい、もちろんです」

先生の視線が、ふっと下がりました。

あ、やっぱり気づいてたんだ。そう思いました。

特別おしゃれをしていたわけではありませんが、先生がいらっしゃるので、さすがにふだん着ではいられません。襟の大きな白いブラウスと、花柄のタイトスカートをはいていました。座面の低いテーブルで向かい合ったので、膝の奥が気になり、もしかしたら見えてるんじゃないかな？　と思っていたのです。

でも、その目線で、「あ」と思いました。私のパンティ、きっと見えてるんです。白いレースのがアソコに食い込んでるのが、はっきりわかるはずです。

「よかった、うちはもうこの年齢で、夫婦の会話もほとんどなくて、こんなふうに男性と話すのがとても新鮮なんです」

「そうなんですか、なんかもったいないですね、こんなきれいな奥さんなのに」

「わあ、先生って、そんなお世辞も言うんですね、びっくりです」

そんな話をしながらも、ときどき、ふわっと膝を開いて、またすぐに閉じたりしました。先生の視線は、もう露骨にそこに釘づけになってました。さっきまでの教師の顔ではなくて、もう完全に男の顔になってます。そんな先生の視線を太ももの奥に感じてるうちに、少しずつあそこがうるおってくるのがわかりました。

「独身でも、先生、彼女はいるんでしょう？」

すると先生は、え？　という顔をしました。

「いや、いないんです、彼女つくるヒマがなくて」

「わあ、もったいない、そんなにイケメンなのに。お若いからいろいろたいへんですよね。あの、へんなこと聞いてもいいですか?」

「はい、なんでしょうか」

「先生だって男性だから、あっちのほうの欲望ありますよね、やっぱり風俗とか?」

自分ですごく大胆な質問だなあと思いました。でも私のパンティが気になって仕方ないみたいだし、なんかそういうこと聞いても平気な雰囲気だったのです。

「いえ、風俗は経験ないです。行く時間も金もないし」

「そうなんですか? じゃあ、どうやって……つまり、その、自分でなさるんですか?」

私は男の子を育てた母親だから、男性のそういうことも全部知っています。先生がどんな反応するのか、すごくわくわくしました。

「あ、は、はい、そうですね。自分で、します」

かわいい。素直に認めるなんて、さすが教師です。先生が一人で逞しいアレを握りしめて、はあはあ言いながらオナッてる姿を思わず想像してしまいました。それだけで、アソコがジンワリうずいてきました。

「何か見ながらするんですか? もしかしてAVとか?」

「そ、そうですね、AV見ますね」

「どういうのが好きなんですか？　ジャンルとか」

「いや、その、人妻ものっていうか、年上の女性が好きかも、です」

「あら、先生、私も人妻なんですよ」

そう言うと先生は顔を赤くしてうつむいてしまいました。そんな様子を見ていたら、私は溜まっていた愛液が一気に溢れてしまったみたいです。

「先生、となりに座っていいですか？　それともこのまま向き合ってたほうがいいですか？　このほうが私のパンティがよく見えるし」

え？　という顔をして先生はすっかりあわててしまいました。

ああ、私ったら、息子の先生を誘惑してる。なんていけない母親なんだろう。そう思えば思うほど、自分に歯止めがきかなくなっていきました。そしていったいどこまでいけるのか、試してみたくなったのです。

私はとなりに座りました。そして先生の顔をのぞきこみました。

「先生、ずっと見てましたよね、私のオマタ。気になる？」

「いや、まあ、その、は、はい」

「気になりますよね、年上の人妻が好きな先生としては、私のアソコに興味津々なんじゃないんですか？　ねえ、ほら、ここ」

先生の手をとってスカートの中に招き入れました。先生は、さすがにびっくりしたみたいですが、でも欲望には勝てないのか、パンティの上から割れ目に触れてきました。すごく久しぶりの感触です。しかも、相手は若い男性です。思わず先生の手を太ももでギュッてしちゃいました。

「あのね、先生、だれか帰ってくるまで、まだ一時間あります。だから、一時間だけ思いきり楽しみませんか？」

そう言ってキスしてから、先生の舌を思いきり唇ではさんで味わいました。なんだか生まれて初めての気分でした。うんと年下の男性を私が支配しコントロールしてる感じです。いくらでもおもちゃにしていいような気がしていました。

「い、いいんですか？」

「いいのよ。ねえ、ずっと私のパンティ見て、もう我慢できないんでしょう？　直接さわってもいいですよ。人妻のアソコ、さわってみてくださいよ」

先生の指がパンティのわきからもぐりこんできて、割れ目をまさぐりはじめました。そこはもう恥ずかしいくらいグッショリでした。

「濡れてるでしょ？　人妻のおま〇こ、濡れやすいの。ねえ、指先でそのオツユすくって、オマメいじってみて」

「は、はい」

言われたとおりにぬるぬるの指でクリトリスを刺激してきます。もう全身がフワフワしてしまって、完全に理性が飛んでしまいました。自分からシャツを脱ぎ、ブラをはずすと、先生の顔をおっぱいに押し当てました。

「お願い、乳首吸って。乳首チュウチュウ吸いながら、オマメいじって」

下品な言葉でそう言うと、先生はハアハア荒い息づかいで乳首に吸いつきながらスカートとパンティを脱がせにきました。なんか、すごくガッツいてる感じがしてゾクゾクします。もうどうにでもしてっていう感じでした。

「どう？　おいしい？　私の乳首、すごくコリコリでしょ？」

「はい、すごくエロいです、人妻熟女の乳首おいしいです」

「オマメも大きくなってるでしょ？　ビンビンに勃起してるでしょ？」

「はい、すごいです、奥さんのクリトリス、割れ目から突き出てますよ」

「ああ、言わないで、恥ずかしいよ。すごくクリが大きいの。ねえ、こんな女、いや？　息子の先生に乳首舐められて、クリトリスを大きくしちゃう人妻は嫌い？」

「そんなことないです、大好きです。たまりません」

さっきまでのまじめな先生は、もうどこにもいません。人妻好きの若い男が、乳首を吸いながらクリトリスをいじくり回しています。いつの間にか大きく足を広げた私のアソコから、どんどん汁が垂れてくるのがわかりました。もうグチュグチュ音がしています。そんなに濡れてしまうのは久しぶりでした。

「ねえ、舐めたい？　人妻のアソコ舐めてみたい？」

先生の目をのぞきこんで尋ねると、先生は素直にうなずきました。

「いいんですか？　舐めたいです、奥さんのアソコ」

「ほんと？　どこ舐めたいの？　言って。どこ舐めたいの？」

「え、それは、奥さんの、お、おま○こです」

その言葉を聞いて、またドッと溢れるのがわかりました。

「おま○こ舐めたいの？　私のいやらしい人妻ま○こペロペロしたいの？」

「はい、人妻ま○こペロペロしたいです、奥さんの愛液を味わいたいです」

私は大きく足を広げて膝を立てました。先生の目には、私のアソコが丸見えのはずです。先生は床に膝をついてそこに顔を近づけると、舌を伸ばして舐めてきました。いきなりクリトリスを吸われ、そのまま割れ目を押し広げられ、性器全体を味わうようにベロンベロンと舌を動かしてきます。こんな熟女のそこに、そんなことといまはもう夫もしてくれません。私はもう頭の奥がしびれるみたいでした。

「ああ、すごい、それ感じる。ねえ、お願い、クリトリス吸ってほしい。それに、おしっこの穴も舐めて。そこ舐められたら感じるの。ねえ、尿道わかる？」

「わかります。ここですよね、クリトリスの下の、この小さな穴」

「そこ、舐めて。舌先で刺激して。おしっこの穴気持ちいいの」

「この穴から、奥さん毎日おしっこ飛ばしてるんですね」

「言わないで、恥ずかしいよ。その小さな穴から、毎日おしっこ出してるの。味わって、私のおしっこの穴ペロペロして」

もう自分が何を言ってるかわかりません。すごく破廉恥で変態なことを言えば言うほど、どんどん興奮してくるのです。それは先生も同じです。私のアソコを両手でグッと広げて、クリも尿道もじっくり味わうように舐めてます。私は特に、おしっこの穴が好きなのです。そこを舐められるアブノーマルな感じにゾクゾクしてしまう変態なのです。そんなところを、お堅い教師が舐めていると思うだけで、全身に鳥肌が立ってきて、尿意を催《もよお》してしまいました。

「ああ、先生、そこ舐められたら、おしっこ出したくなる」

「え？　いいんですよ、奥さんのおしっこ浴びてみたいです。出してください」

「やだ、そんなこと言われたら興奮してほんとに出ちゃうじゃない」

「いいんです。顔で受け止めますから、思いきり出してください」

すごい、先生も変態なんだ。そう思ったら、もう我慢できなくなりました。

「だめ、出ちゃうよ。ねえ、ほんとに出すよ。お顔で受け止めて」

「はい、お願いします」

そして私はほんとうにおしっこしてしまったのです。

体をブルブルふるわせながら、チョロッ、チョロッと出たかと思うと、あとはシャーッてほとばしってしまいました。先生はそれを顔で受け止めました。きっと口にも入ったと思います。そんなに量は多くなかったけど、先生の顔やシャツはビショビショです。それを見て、また興奮して、もう何がなんだかわからなくなってしまいました。

「すごい、先生って変態なのね。きれいに舐めて」

「はい、奥さんの放尿ま○こを舐めます」

割れ目に舌を入れて隅々まできれいに舐めてくれました。なんかもう、それだけで私は、軽くイッてしまいました。

「ねえ、今度は先生のを味見したい。どんなペニスか見せて、お願い」

自分よりうんと年下の男の、しかも教師の男性器を、早く見たくてたまりませんでした。私は目の前に先生を立たせて、ズボンと下着を一気にずりおろしました。

とたんに飛び出してきたものを見て、思わず息を呑みました。

すごく大きい。太くて、逞しい。まさに、若い男の性器っていう感じです。しかも、まだ何もしてないのに先端が濡れて光ってます。

「すごい、ねえ、もう先端の穴から何か出てるよ」

「奥さんのおしっこ浴びて興奮してしまって」

「かわいいのね、私のおしっこの味で、そんなに興奮したの?」

私は、それを握りしめて舐めまくりました。先端から溢れてる液体を吸って味わい、カリの周りをしゃぶり、それからタマのほうにも舌を這わせました。男性のタマってすごく個性があります。先生のは、すごく大きくて容量があって、とても男性的な感じです。思わず口を大きくあけて全部含み、口の中でコロコロ転がしました。それをしながらサオをこすると、先生はうめき声をあげて腰をガクガクさせました。

「先生、気持ちいいの? そんなに腰を動かしちゃって」

「こんなの初めてです。こんなきれいな奥さんにタマまでしゃぶってもらえるなんて」

「うれしい。なんか私、張り切っちゃう」

主人とのセックスでは絶対にそんなことしないのに、私は先生の下半身を全部脱がせ、ソファに座らせて足を開かせました。M字開脚です。さっきまでえらそうな教師の顔をしていたのに、いまは私の目の前でサオもタマも、それにアナルまでさらけ出しているのです。さっきまでの姿とのギャップにアソコがキュンキュンしました。

「先生、ぜーんぶ丸見えよ。わかってます？　人妻が先生の恥ずかしいところを隅々までじっくり見てるの」

そう言いながら、先端の穴から裏筋からタマ、それにアナルまでツツッとなぞると、先生は体をピクピクさせて反応しています。

「かわいい、敏感なんですね。ほら、ここ、気持ちいいでしょう」

タマとアナルの間の、いわゆる蟻の門渡りのところを指で刺激すると、先生はのけぞって感じています。たまらなくなってそこに舌を押し当ててナメナメすると、ますます情けない声を洩らし、先端からますます我慢汁を垂らしています。

私っていま、年下の男性教師の性感を刺激してる。この人はもう私の言いなりなんだ。そう思うと、もう自分に歯止めがきかなくなってしまいました。

「ほら、こういうのは、どう？」

今度は亀頭を口に含んで舌で舐め回しながら、タマももみほぐし、さらに薬指と小指でアナルを刺激しました。亀頭とタマとアナルの三点責めに、先生はとうとう音《ね》をあげはじめました。

「お、奥さん、そんなことされたら、も、もうイキそうです。このまま出してもいいですか」

「あら、まだダメよ。私の中に入れたくないの？　ハメたいでしょ？」

「え？　いいんですか？　入れさせてくれるんですか」

「あたりまえじゃない。私だって、もう我慢できないんだから。このギンギンの若いち○ぽで、いやらしい人妻ま○こを突き上げてよ」

私はそう言うと、ソファに腰かけたままの先生の腰に跨《また》がり、そのまま対面座位で挿入しました。ズブズブと音が聞こえてきそうなくらい激しく突き上げられる感触に、私は思わず悲鳴をあげてしまいました。

「入りましたよ、先生の極太棒が人妻の淫乱ま○こに突き刺さってますよ」

「すごいです。奥さんの中、すごくいい。熱くてからみついてくる」

「でしょ？　名器だって言われるの。先生のペニス、たくさんいじめてあげるね」

私は先生の首にかじりつき、腰を揺さぶるように動かしました。若いち○ぽがいろんな角度で中を刺激してきます。なんか、若い教師にメチャクチャに犯されてる感じがたまりません。私はうしろに手を伸ばしてタマをやわやわと刺激しながら、なおも激しく腰を動かしました。

「ああ、それ、気持ちよすぎます」

「先生、タマが弱いのね、かわいい。サオとタマで思いきり感じて」

そう言ってる間も、私のアソコは感じまくってて、白いアワが噴き出して垂れるくらいに濡れまくっています。

「見て、ねえ、私のおま〇こ、すごいことになってる」

「エロいです、人妻のおま〇こって、こんなにエロいんですね」

「軽蔑する？　こんな淫乱熟女、軽蔑するでしょう」

「まさか。大好きです。ぼくも興奮しまくってます」

先生の両手が私のムチムチのお尻をガシリとつかんで、上下に動かしてきました。なんか、私のことをオナホみたいにしてる。でもその感じが、たまらなくいいんです。若い教師にオナホ扱いされる人妻だと思うと、頭がクラクラしてきます。

「イクときは言ってね。私、飲みたいの。若い精液を味わいたいの」

先生がわかったというようにガクガクと頭を上下に振るのを見て、私はアソコを締め上げました。先生に最高の快感を味わってもらおう、この若い男に人妻の快楽をたっぷり覚え込ませてやろう。そう思いながら動いていると、私のほうもギュンギュン感じてきて、イキそうになってきました。

「ねえ、先生、私もうダメかも」

「ぼくもイキそうです」

「ほんと？　飲ませてね、お口の中で出してよ、お願い！」

そう言ってから私は激しく絶頂に達してしまいました。そして先生のほうも、うわっというような声を出したので、急いで離れて、先生のどろどろの勃起棒を口に咥えました。ほぼ同時に口の中に熱いものが広がって、鼻のほうに生臭い匂いが上がってきました。むせかえるような男の匂いを感じて、もう全身がトロトロでした。

「ああ、おいしい」

もちろん、全部飲み下しました。久しぶりに充実したセックスして、しかも若い精液を味わって、もう天国のような気分でした。

しばらくお互いに余韻にひたっていました。動くのがイヤでしかたなかったけど、そうも言ってられません。そのうち私たちは、さっきまでの母親と教師の顔に戻っていました。そしてそれは、たった一度きりの夢のような出来事だったのです。

いまも行事があって学校に行き、先生と顔を合わせることがあります。もちろんお互いに素知らぬ顔をしていますが、正直に言えば、先生の顔を見ると、アソコがうずいて濡れてしまいます。そして、先生のほうも、ズボンの前がもっこりしていることに私は気づいています。だれも知らない二人だけの秘密ですが、またいつか、二回目がないかと、虎視眈々《こしたんたん》と狙っている私です。

第三章

男の欲望に抗えない淫らな女体

義弟の巧みなマッサージに性感を刺激され「お願い、入れて」と挿入を懇願して……

光元紗和子　農業・五十一歳

農家の長男の家に嫁《とつ》ぎ、二十九年という歳月が流れました。

一人息子は結婚して別棟に住んでおり、いまは夫と義母の三人で暮らしながら忙しい日々を送っています。

夫には信也《しんや》さんという一回り下の弟がいまして、年齢は四十二歳。田舎は性に合わないと高校卒業後に上京し、職を何度も変えては結婚もせずに気ままな生活をしている義弟です。

三年前でしたか、お金に困っているということで用立てをしたことがあります。

金額自体は少なかったので、私の一存で貸してしまったのですが、それが失敗だったのだと思います。

それからたびたび無心してくるようになり、義母や夫には内緒にしてくれと言われていましたので、どうしたものかと悩んでいました。

義父の七回忌が執《と》り行われた去年の夏、信也さんが帰郷したときのことです。

予想はしていたのですが、案の定、二人きりになったところで、お金を貸してほしいと催促してきました。

「頼むよ、義姉《ねえ》さんしか頼れる人いないんだ」

「この間、これが最後だって言ったでしょ？」

「そこをなんとか！　お返しにマッサージしてあげるからさ」

「はあ？　何、それ？」

「姉さん、肩こりがひどいって言ってたじゃん。俺、これでも指圧の専門学校に通ってたんだからさ。半年で辞めちゃったけど」

彼にはどこか憎めないところがあって、出来の悪い弟を心配する姉のような感覚とでも言うのでしょうか。

「もう……いくら必要なの？」

「さすがは義姉さん！　そりゃ、多ければ多いほどいいよ」

私は財布から万札を五枚取り出し、手渡してから念を押しました。

「いい？　これでホントに最後だからね」

「わかってます！　心の底から恩に着ますよ」

お金をさっさとふところにしまったあと、信也さんはウインクしました。

「それじゃ、夜、俺の部屋に来てよ」

「何言ってんの。行くわけないでしょ」

「そうはいかないよ。約束を破ったことには違いないんだから、ちゃんとおわびしないと」

「はあ……」

すっかりあきれてしまい、溜め息をこぼすと、彼はほくほく顔で「じゃ、待ってるから」と告げて部屋を出ていきました。

もちろん冗談だとはわかっていましたが、胸がキュンと締めつけられたのも事実です。そのときは、あくまで彼の無邪気なふるまいが女心をくすぐったのだと思っていたのですが……。

その日の夜、酔っぱらってイビキをかいて寝ている夫を尻目に用を足しにいくと、ちょうどトイレから出てきた際に信也さんと鉢合わせになりました。

「義姉さん、焦らしてるの？　ずっと待ってたのに」

「そ、そんなつもりはないわ」

小声で反論すると、彼は間合いを詰めて言いました。

「兄さん、寝てるんだろ？」

「え、ええ」

「ずいぶん、飲んでたもんな。どうする？　俺の部屋でする？」

「だから、しないって言ってるでしょ」

「大きな声出さないで。おふくろが起きちゃうよ」

光元《みつもと》家は先祖代々大きな土地を所有しており、昔ながらの家屋はとても広いんです。義母はかなり離れた部屋で就寝しているため、声が聞こえるとは思えなかったのですが、あせった私はすぐさまその場から離れようとしました。

「遠慮することないでしょ」

「……あ」

手首をつかまれ、彼の部屋に連れこまれたときは恐怖心が走りました。

「や、やめて」

「大丈夫だって。ちょっとマッサージするだけなんだから。さ、布団に寝そべって」

信也さんは後ろ手で襖《ふすま》を閉め、出入り口の前からビクとも動かなかったんです。

抵抗して大きな音を立て、夫や義母が起きてきたら面倒なことになるのは火を見るより明らかです。そう考えた私は仕方なく、布団の上にうつぶせの状態で寝転びました。

「五分だけだからね」

「はいはい、わかりました」

信也さんはさっそく私の真横に膝をつき、体をマッサージしはじめました。

「おおっ、こりゃすごい。肩、ガチガチじゃない」

「……ンッ」

指圧の専門学校に通っていただけあって、思っていたより気持ちがよく、全身がふわふわした感覚に包まれました。

「義姉さん、体を跨《また》いでいい？」

「え……うん」

本格的なマッサージが開始され、肩から背中、腕ともみほぐされるごとに日ごろの疲労感が取れていく心地よさにうっとりしました。

「う、うまいじゃない」

「俺って、器用な人間だからね」

「マッサージ師になればよかったのに」

「急につまんなくなっちゃってさ。俺、昔から一つのことに集中できないんだ」

「典型的な器用貧乏なのね」

クスリと笑ったところで、私はある異変に眉をひそめました。

けっして勘違いなどではなく、お尻に硬いモノが当たっていたんです。

二人とも薄い浴衣を着ていたため、男性器の感触がはっきり伝わり、腋の下がじっとり汗ばみました。

まさか実兄の妻に不遜《ふそん》な行為はしないだろうと思ったのですが、心臓がトクトクと音を立てはじめ、胸が妖しくざわつきました。

彼が腰を上げたときはホッとしたものの、今度は大きな手が太ももの裏側に当てられ、身がこわばりました。

手のひらが鼠蹊部に向かってスッと上がると、浴衣のすそもいっしょに引き上げられ、両足が膝のあたりまで剝き出しになってしまったんです。

「あ……や」

思わず身をよじらせたのですが、彼はとっさにふくらはぎの上に腰かけ、逃げ出すことはできませんでした。

「ちょっ……」

「足のほうも、ちゃんとやっておかないと。ほら、気持ちいいだろ？」

信也さんは手を浴衣のすその下にもぐりこませ、鼠蹊部をキュッキュッともみこみました。あのときは気持ちよさより、恥ずかしいという思いのほうが圧倒的に大きかったのですが……。

「あ、あ、やぁ」

肝心な箇所をのぞかれないよう、私は片手をヒップに回し、すそを押さえつけることに必死でした。

「も、もういいわ……終わり、終わりよ」

「何言ってんの。まだ始めたばかりじゃん。ここにはリンパが集中してるから、もっと流れをよくしないと」

「あ、あぁん」

思わず艶っぽい声をあげたとたん、背後から荒々しい吐息が聞こえてきました。同時に血流がよくなったのか、体の芯が熱くほてりだしたんです。

「や、やめなさい。ホントに怒るわよ……あっ」

両手の親指が大陰唇を押しはじめ、下腹部全体が甘ったるい感覚に包まれました。

「ン、ンゥ」

お恥ずかしい話なのですが、体から力が抜け落ち、子宮がキュンキュンと疼いてしまったんです。

夫とはもう何年も営みがなく、年齢を考えれば、それが当然だと思っていたので、自分の肉体に生じた反応には愕然とするばかりでした。

やがて浴衣のすそがたくし上げられ、ヒップがスースーすると、顔がカッと熱くなりました。

愛液があそこから溢れ出し、ショーツにシミを作っている自覚があったからです。

「やっ、やっ」

「義姉さん、気持ちいいんだね」

「それ以上はだめよ」

「もっと素直になって、ほら、こんなになってるんだから」

「ひ……んっ！」

信也さんの指がいちばん敏感な箇所をとらえた瞬間、全身を快感が走り抜けました。

「す、すごいや。シミがどんどん大きくなってくる」

「や、やぁあっ」

私は枕に片頬を押しつけたまま、ヒップをぶるぶるとふるわせました。

指先がスリット上を往復するたびに快感の波が次々に打ち寄せ、拒絶する気力さえ奪ってしまったんです。

私は自分でも気づかないうちに、お尻を突き上げていたようです。太い指がショーツのすそからすべりこむと、生毛《うぶげ》が逆立つほどの快感が理性を翻弄《ほんろう》しました。

「あ、あ……あぁぁっ」

くちゅくちゅといやらしい音に続き、指先でクリットをこね回されただけで、なんと私はあっけなくエクスタシーに達してしまったんです。

「く、くっ、くふぅ」

ヒップを前後にわななかせたあと、信也さんは腰を上げ、私の体をあおむけにさせました。

浴衣の帯が抜き取られ、ショーツを脱がされても、まだ快楽の余韻にひたったまま。

彼は私の真横に移動し、左手で乳房をもみしだき、右手でまたもや股のつけ根をまさぐりました。

「はっ、ふっ！」

とたんに快感の高波が再び押し寄せ、私は浴衣の前をはだけさせた状態で身をくねらせました。

「義姉さん、すごいや。この音、聞こえる？」

「あ、はぁぁっ」

濁音混じりの水音が響き渡り、胸の奥が甘く締めつけられました。もはや自制心は働かず、私は彼の為すがままの状態に追いつめられてしまったんです。

「よっぽど疲労が溜まってたんだね。体の中の老廃物を全部出してあげるから」

「だめ、だめ」

「何が、だめなの？　ほうら、どんどん出てくる」

「く、ひっ」

指のスライドが加速した瞬間、めくるめく快感が意識を朦朧《もうろう》とさせました。

うつろな視線を信也さんに向けると、彼の浴衣も前合わせがはだけており、トランクス越しの大きなテントを張った股間が視界に入ったんです。

私は舌舐めずりし、右手を伸ばして逞しい突起をわしづかみました。

「あれ、自分から握っちゃうの？」

「だって、だって……」

鉄の棒のような感触にあそこがひりつき、欲しくて欲しくて自分ではもうどうにもならなかったんです。

「む、むう」

上下にこすりたてるやいなや、信也さんはうめき声を発し、帯をほどいてトランクスを脱ぎおろしました。

ビンと弾け出たペニスは隆々と反り勃《た》ち、獣じみた匂いがぷんとただようと、口の中に大量の唾が溜まりました。

「これが、欲しいのかな？」

「はあはあ……あっ」

ためらいが頭をもたげた直後、彼はクリットに強烈な刺激を与えてきて、私ははしたなくも本音を口走ってしまったんです。

「欲しい、欲しいわ！」

「よく言えました。いいですよ、好きにして」

彼はそう言いながら股間を突き出し、ペニスの先端を私の口元に押しつけてきました。私は太い胴体を握りしめ、まるまるとした亀頭に吸いついていったんです。

しょっぱくて苦みのあるペニスを、私は一心不乱に舐めたてました。

スモモのような亀頭、えらの張ったカリ首、ミミズをのたくらせたような静脈と、信也さんの逸物は夫より一回りも二回りも大きく、忘れかけていた女の情念がすっかり息を吹き返してしまいました。

「ん、ふっ、んふぅ」

　裏筋からカリ首、尿道口に唾液をたっぷりなすりつけたあと、勃起をがっぽり咥えこみ、いやらしい音を立てながら舐めしゃぶりました。

「おほっ、気持ちいい。さすがは義姉さん、フェラがうまいや」

「はっ、んっ、は、ふぅっ」

　私は鼻から甘ったるい息を吐き、唇をすぼめて懸命にしごきたてました。その間も彼の手はあそこを刺激していたのですから、快感が怯《ひる》むはずもなく、性感は緩やかな上昇カーブを描きながら頂点に向かいました。

　ぐっぷ、ぐっぽ、ぴちゅ、ぢゅぱっ、ぢゅぱぱぱぱっ！

「おう、いやらしい音を立てて。たまんないや」

「は、ん、ふわぁ」

　クリットをつまんであやされると、私はペニスを口から吐き出して懇願しました。

「お願い、入れて……入れて」

「えっ、いいの？　入れちゃっても」

「いいから早く！」

　あのときの私は貞操感など粉々に砕け、一人の女になっていました。逞しいペニスで疼く女芯を貫いてほしいという思いだけに衝《つ》き動かされていたんです。

ところがしゃくなことに、信也さんはにやりと笑い、私の下腹部に移動してから身を屈めました。

「あ、あ……」

股間に顔を埋《うず》められたとたん、再び羞恥心がぶり返し、いやいやをして拒絶しました。

「だめ、やめて」

「どうして？　義姉さんだって、たっぷりしてくれたじゃない」

「私は……いいの」

「よくないよ。ちゃんとお返しはしないと。さ、足を開いて」

「だめぇ」

「ふふっ、義姉さん、すごくかわいいよ」

ほめ言葉に胸が甘く締めつけられましたが、やはり義理の弟に恥ずかしい箇所は見られたくありません。

それでも強引に足を開かされた瞬間、頭のてっぺんから突き抜けるような快感が股のつけ根まで走り抜けました。

「いっ、ひぃぃっ」

彼は指で陰唇を押し広げ、分厚い舌で膣内粘膜、そしてクリットを滅茶苦茶に舐め回してきたんです。

独身にもかかわらず、女性経験はそれなりに豊富だったのだと思います。舌づかいが夫とは段違いにうまく、体がとろとろにとろけました。

「義姉さんは、やっぱりクリトリスがいちばん感じるんだね。でも膣の中も気持ちいいと思うよ」

信也さんは女肉から口を離すや、右手の中指と薬指を膣の中に入れ、上側をこすりたててきたんです。

「あ、ひっ」

「ほら、ここをこうして」

左手で下腹を軽く押さえつけられると膀胱が圧迫され、こらえきれない尿意を催しました。

「あ、あ、やっ」

義理の弟の前で粗相《そそう》するわけにはいきません。ひたすら耐えていたのですが、膣の中の指が猛烈なスライドを繰り返すと、風船のようにふくらんだ圧迫感はついに破裂しました。

「いっ、ひっ！」

「あはは。義姉さん、潮を吹いたよ」

「いやっ、いやっ」

潮を吹くなんて、もちろん初めての体験です。

恥ずかしいやら気持ちいいやらで、まともな思考が働かず、私はむせび泣きに近い声で自身の心情を告げていました。

「入れてっ！　入れてっ！」

信也さんも我慢の限界に達していたのか、身を起こし、私の股の間に腰を割り入れました。

「それじゃ、お望みどおり、入れてあげるよ」

「ん、ふっ！」

ペニスが長大なせいか、体が引き裂かれそうな感覚が襲いかかりました。

唇を嚙みしめて耐えたとたん、カリ首が膣口をくぐり抜け、勢い余ってズブズブと奥まで埋めこまれたんです。

「あ、おおぉぉっ！」

はしたないことに、私は入れられただけでエクスタシーに達してしまい、上体をのけぞらせて恍惚《こうこつ》にひたりました。

「やだな、もうイッちゃったの？」

「ン、ン、ンゥ」

身を痙攣させるなか、信也さんは軽やかなピストンから快楽を与えてきました。猫がネズミをいたぶるみたいに、激しいスライドはけっして見せず、私の反応を眺めて楽しんでいるかのようでした。

「昔から義姉さんのこと好きだったんだ。大きなおっぱいにお尻。いつか抱きたいと思ってたけど、ようやく念願がかなったよ。義姉さんも俺と同じ気持ちだったんじゃないの？」

もしかすると、彼の言うとおりだったのかもしれない。ぼんやりと思う一方、全身には快楽の嵐が吹き荒れていました。

互いに浴衣を脱ぎ捨てて全裸になり、正常位から座位、そして後背位と、体位を変える間に何度エクスタシーに達したことか。

快感のとりこと化したところで、信也さんはうれしそうにつぶやきました。

「それじゃ、最後は上に乗ってもらおうかな。下から義姉さんのいやらしい姿をたっぷり拝ませてもらうよ」

もっと大きな絶頂感にひたりたいと考えた私は、拒否することなく彼の腰を跨《また》がりました。

勃起状態を維持したペニスを起こし、私はのどをコクンと鳴らして秘裂にあてがったんです。

「もっと足を広げて」

「あ、あ……」

「ほうら、もう少しでおチ○チンが義姉さんのおマ○コの中に入っちゃうよ」

「は、ふうぅぅっ」

大きな逸物を膣の中に埋めこんだあと、私は腰の打ち振りを開始しました。

ヒップを小刻みに回転させ、恥骨を前後に揺すると、強烈な快感が何度も脳天を貫き、女の悦びに身が打ち震えました。

「自分からそんなに腰を動かしちゃうなんて」

「だって、止まらない……止まらないの」

「まさか、義姉さんがこんなスケベだったとは思わなかったよ」

「あぁ……言わないで」

こびた視線を送った直後、信也さんは腰を突き上げ、本格的なピストンで膣肉をこすりたてきました。

「あ、動いちゃだめっ」

「俺だって、もう限界なんだよ」

「い、ひぃぃっ」

目の前が眩《くら》んだあと、あまりの激しいピストンからペニスが膣からはずれ、女肉の狭間からいやらしい液体がビュッとほとばしりました。

「まだ潮を吹くんだ？」

「はあはあ、はあぁぁあ」

「膝を立てて自分で入れなおして」

言われるがまま両足を目いっぱい開き、ペニスを再び膣内に入れると、これまでとは次元の違うピストンが繰り出されました。

「あ、やぁぁぁあ」

バチンバチーンと恥骨がヒップを打ち鳴らし、体がトランポリンをしているかのように跳ね上がりました。

肌から大量の汗が噴き出し、髪を振り乱して悶絶《もんぜつ》するなか、私はついにすごい快楽に呑みこまれてしまったんです。

「あぁ、イクっ、またイッちゃうわ」

「俺も……イキそうだ」

「イッて、中に出して！」

「いいの？」

「いいわ、たくさん出して！」

「ぬ、ぐっ」

私はそう告げたあと、腰を上下左右に振りたて、疼く膣肉でおチ○チンをこれでもかと引き絞りました。

「はあぁ、イクっ、イッちゃう！」

「ああ、出る、出るぅ」

子宮口に熱いしぶきを受けた瞬間、全身が天国に舞いのぼるような浮遊感に包まれ、これまで味わったことのないエクスタシーに達してしまったんです。

こうして義理の弟と背徳の関係を結んでしまったのですが、不思議と後悔はなく、私は事が終わったあとも精液を垂れ流すおチ○チンを延々と舐めしゃぶっていました。

こんな激しいセックスも、口で後始末するのも初めての体験で、自分が自分でなくなってしまったかのような感覚でした。

この歳になってから女に目覚めるなんて、恥ずかしいことだとはわかっています。

でも、一度味わった禁断の果実を忘れることはできませんでした。

それからというものの、用事を作っては上京し、信也さんと淫らな関係を続けているんです。

男は旦那しか知らない身持ちの堅い人妻を念入りな愛撫とピストンで快楽の虜にして

仲村和郎　自営業・四十歳

俺は昔からとにかく女好きで、仲間内でも有名だった。

結婚する前はつきあえる女とはとりあえずつきあっとけって考えで、とっかえひっかえってのはまさにああいうのを言うんだと思う。だからそんな俺が結婚したときは、友人たちもさぞ驚いたことだと思う。

実際のところは嫁がかなりしつこい女で、結婚しろしろってうるさくて、俺が根負けしたっていう感じだった。だから言っちゃなんだけど、嫁のことが大好きかというとそういうわけでもなく、それでも数年間はまともな夫婦をやっていた。

でもそれを過ぎるとやっぱり女好きの血が疼くというか、嫁以外の女とヤリたいという気持がむくむくわき上がってきて、そこからはもう浮気し放題だったな。

嫁は俺の女癖の悪さを知っていたから、最初は黙認してくれていた。けどそれにしたって我慢の限界があったんだろう。あるとき大ゲンカになって、結局俺は離婚してバツイチ男になってしまった。

子どもがいないのは幸いだった、というか俺もこうなるような予感はあったから、避妊にはかなり気をつけていたってのがほんとうのところなんだけど。

独り身になったらもうしめたもので、四十を目前にしても俺の女好きは収まるどころかますますエスカレートしていった。最近じゃ「不倫アプリ」なんて便利なものもあるから、相手に事欠くことはない。

どうせ行きずりセックスなんだし、俺も二度と結婚なんかする気はないから、なるべく深入りしなくてすみそうな相手を選んでいた。俺は面食いのほうじゃないし、若い女じゃないといやだってわけでもないから、そんなに相手には困らないほうなんだろうな。

でも最初はただ単にセックスを楽しんでいたはずの人妻が、何度か会っているうちに俺を束縛しようとするのは正直好きではなかった。だって俺が別の女と遊んでいたら、「浮気するな」とか言うんだよ。

最初に不倫を始めたのはお前じゃないかってあきれてしまう。

全部が全部当たりなわけでも、ハズレなわけではないけど、それなりに女遊びを続けていたとき、俺は彼女と知り合った。

（ちょっと見た目は地味そうな女だけど……試しに会ってみるか）

そんな気持ちで、俺は一人の人妻……浅沼照美《あさぬまてるみ》と会う約束を取りつけた。待ち合わせ場所の喫茶店に来た彼女は、俺の想像以上に地味で目立たない女だった。年齢は俺よりけっこう上の四十六歳だというが、あまり化粧っ気を感じないうえに童顔なので、年齢よりはよほど若く見える。

ただやっぱり地味だし、物腰はていねいだけど覇気がないというか、とにかくおとなしそうっていうのが第一印象だった。

（見る限りは、不倫とか浮気には縁がなさそうなんだけどなあ）

そう思うと、俺はいつもとは違う好奇心を感じ、ちょっと彼女と話をすることにした。これがいかにも「早くホテルに行ってズコバコしたいですぅ」って女なら、速攻で喫茶店を出てホテル直行なんだけど。

「照美さん、あのアプリ使うのって初めてですか？　なんかそういうふうに見えたんで、あ、言いたくないなら別に」

「初めてです、というか、こういうことをするの自体が初めてで」

俺の思ったとおり、彼女はこれが初不倫だと言うのだ。それなら少しおしゃべりでもして緊張を解いてやったほうがいいかもしれないなと俺は思った。幸い、いつも使っているこの席はよほど大きな声を出さない限り、誰かに盗み聞きされる心配もない。俺と彼女が今日初めて会った間柄で、これから不倫セックスをしようとしているなどとは、誰も思わないだろう。

「へえ、いまどき見合い結婚は珍しいですね」

彼女は親の決めた相手と見合いをし、親に言われるままに見合い相手と結婚、子どもまでもうけたのだと言う。実にいまどきではない話だ。

と、ここで俺はあることに気づいた。こんなにおとなしそうで不倫も今日初めてだという彼女が子どもまで生んだということは、もしかして彼女は見合い結婚した旦那しか男を知らないのではないかと。その疑問に、彼女はそうだと答えた。

「でも、もう子どももいいかげん大きくなったし、夫は結婚当初からずっと仕事仕事の人で。じゃあ、私の人生っていったいなんだったのかなって」

「うん、その気持ちよくわかりますよ」

実際のところ彼女の気持ちなんかどうでもいいんだが、「旦那しか男を知らない」という彼女の境遇に、俺は大いに興味をそそられた。そんな女の抱き心地はどんなものだろうと思った。

「いいじゃないですか、浅沼さんは十分に妻として、母親としての責務は果たした。これからは自分のために人生を謳歌《おうか》したって」

「そう……でしょうか」

俺は真っすぐに彼女の眼を見て強くうなずいた。これはちょっと不倫に二の足を踏んでいる女を落とすときには、とても有効な手段だ。俺は「いやだと思ったら何もしない」と彼女を説得し、彼女をホテルに連れ込むことに成功した。

「さ、緊張しないで……っていっても難しいですよね。何か飲みますか」

俺はベッドの端に彼女を座らせ、缶コーヒーをすすめた。初不倫の人妻を相手に、いきなり酒も警戒されるだろうと思ったからだ。案の定、最初は緊張していた彼女だったが、俺が隣に腰をおろしても笑顔を見せるようになった。

(ここまでくればもう大丈夫か)

そう思った俺は彼女の肩に腕を回し、唇を重ねた。一瞬だけびくっと身をふるわせたが、彼女は俺に身を委《ゆだ》ねてきたので、そのままベッドに押し倒した。

(意外と胸があるな)

これは思っていなかった誤算だ。服の上から胸をもんでやると、乳首が硬くしこってくるのがわかった。俺は女の胸は大きいくらいがいいと思っているので、これはなかなか楽しめそうだ。

キスをしながら胸を直接まさぐっていると、彼女の緊張もほどけていく。服をめくり上げてじかに乳房を見ると、思っていた以上に肌が白く、ますますオレ好みだと興奮する。まだそんなに色黒ではない乳首を口に含むと、「あっ」と小さな声を洩らすあたりが初々しい。

「そんなに緊張しないで……旦那さんに愛撫されてると思ったらいいんですよ」

「いえ、うちの人はそんなにちゃんとしてくれませんから」

そう言って赤面した彼女は、手で顔を隠してしまう。

試しに股間に手を当ててみると、まだそれほどほぐれてはいないようだ。経験値が低いなら、これはじっくり時間をかけたほうがいいだろう。俺は彼女の首筋に舌を這わせながら、おっぱいを中心にして女体をマッサージするようにほぐしていく。

「あぁ……なんだか、体が熱くなってくるみたい」

「時間はたっぷりあるんです、ゆっくり楽しみましょう」

俺はなるべく彼女に負担をかけないように注意しながら、首筋から乳房、そして腰の周りを手でさすり、愛撫していった。本音を言えばすぐにでもち○ぽをぶち込みたいところだが、それで彼女を怖がらせては元も子もない。

これは俺の直感だったが、彼女は経験が少ないわりにはかなり男に飢えているように思えた。感度が悪そうにも見えないし、これは時間をかけてやればかなり楽しめるのではないか。

「さわってみますか」

そう言って彼女の手を俺の股間に当ててやると、彼女は身を固くしつつも俺のそこをなではじめた。その目は早くも潤《うる》んでいて、明らかに欲情した女の眼だった。スラックスの上からでもわかるほどに勃起したそれをなで、やがて彼女のほうからジッパーを下げてイチモツを取り出した。

「あぁ……」

彼女はややぎこちない手つきで俺のものをしごきだした。正直、それほどのテクニックとも思えなかったが、逆にそのぎこちなさがいかにも不倫慣れしていない人妻という感じで好ましかった。

俺は彼女にち〇ぽをしごかせながら、露《あらわ》になった乳首を指先でコリコリともんでやる。そうしていると、どんどん彼女の肌がほてっていくのがわかった。

「おっぱい、感じやすいんですね」

右乳首、そして左乳首を交互に口に含んで舌で転がしてやる。ちょっと歯を立てるようにしてやると、びくびくと身をふるわせるのがなんとも色っぽい。最初は地味に見えた彼女だが、こうして見るとなかなかに男好きのする体をしている。

こんな女をほっておきっぱなしにするなんて、彼女の旦那も女を見る目がないと俺は思った。

俺ならこの体をもっと愛撫して、もっとエロな色気を発揮させられるだろう。そう考えると、俺は俄然やる気になった。そうして右乳首を吸いながら、左のほうも同時に指でつまみ上げ、たっぷりと乳首を責めてやった。

「あっ、ん、そこ、そんなにされたら……感じます」

「奥さんは乳首が敏感なんですね。じゃあもっとかわいがってあげますよ」

「あ、あっ」

右乳首をさんざん責め立てた次は、もちろん左を責め立てる。最初はかなり緊張していた女体がほぐれていき、彼女のほうから俺にしがみついてくると、もうこれはすっかり受け入れ態勢万全だ。

しかし、ここでいきなりち○ぽをぶち込むのは早急すぎだろう。これまでの経験上、もう少し焦らしたほうがいいだろうと、俺は彼女のお腹を中心にして太ももをなでさすり、少しずつ彼女の股間に接近した。

彼女は恥ずかしそうに身をよじりつつ、それでいて俺のち○ぽから手を離そうとしない。これはもうかなり興奮しているようだ。俺は彼女から少し体を離し、股間を彼女の顔に近づけていった。

「こういうのも、実は初めてだったりしますか？」

彼女はちらりと俺を上目づかいに見ると、勃起したそれを口に咥えた。思ったとおり、その舌づかいはいかにも慣れていない感じで、おそらく旦那とセックスするときもフェラチオなどほとんどしたことがなかったんだろう。

「ん……れろ……こ、こんな感じでいいですか？」

「ええ、気持ちいいですよ。もっと根元まで呑み込んで」

んぐんぐと頭を前後に揺すって俺のイチモツを唇でこする仕草が、なんともいえず興奮する。こういうのは商売女相手では味わえないものだ。俺は彼女の頭にそっと手を添え、自分から腰を揺すって彼女の口の中を堪能《たんのう》した。

「じょうずですよ、奥さん。こっちももう濡れぬれみたいですね」

パンティの脇から指を差し込むと、そこはもう愛液でぐっしょりだった。その濡れっぷりはさすが人妻という感じだが、試しに指を一本差し込むと、かなりの力で指が締めつけられた。

旦那以外の男を知らないだけあって、ここもあまり使いなれていないようだ。これはぜひ生で味わいたい。俺は彼女をあらためてベッドに押し倒し、下着を脱がせていった。

「あ、あの、入れるんですか」

「ええ、奥さんのま○こ、味わわせてください。ほら、ぼくの勃起ち○ぽ、もうこんなになってるんですよ」

俺は彼女の手をち○ぽに添え、自分の股間にあてがわせてやった。

こうすることで女はその気になって、むしろ抵抗しなくなるものだ。彼女は股を少し広げ、俺が挿入しやすい格好になった。

割れ目に亀頭を当てて、そこから一気に腰を沈めた。

「ん、あぁっ」

ずぶりと入り口は簡単に入ったが、そこからの締めつけは想像以上だった。しかし相手は人妻、小娘や処女というわけではない。体ごとのしかかるように腰を突き入れると、「ぬるり」と彼女のそこが受け入れた。

「ん、んふぅ……ああ、そんな、奥までっ」

久しぶりの生ハメは実に具合がよかった。たっぷりの愛液とま○こ肉の締めつけ、そして身をよじる人妻の恥じらいが俺を興奮させる。だが、まだ彼女にはためらいが残っているようで、まだまだじっくりと責めたいという気にさせる。

俺はずっぷりと挿入したまま、彼女の首筋や乳房を舌や指で愛撫した。

「あっ、そこ感じます……ひ、あんっ」

「もっと声を出していいんですよ。奥さんが気持ちよくなれるなら、何度だってイッていいんですから」

俺は彼女の反応を見ながら、腰を動かした。がんがんとピストンをするよりは、奥のほうをほぐすようにじわじわ突いたほうが反応がよさそうなので、俺は時間をかけて彼女のま○この奥を突いてやった。

「んぅう、んっ、そ、そこいい……っ」

経験が少ないと言っていたわりには、彼女の反応は上々だった。あるいは経験が少ないから、俺の愛撫に素直に反応していたのかもしれない。

それにこの締めつけは実にいい。まるで処女かと思わせるほどの締めつけと、それでいてたっぷりのま○こ汁が絡みついてくる。俺もこれまで何人も人妻を味わってきたが、これほどのま○こはめったにない。

奥の奥まで突き入れると「あんっ」と身をよじらせて悶《もだ》えるさまが、どこか少女のようで新鮮だ。

（こんな女をほったらかしにするとは、女の価値がわからない旦那だな）

もっとも、だからこそこうして俺のような男が人妻の肉を楽しめるというものだ。

こうなったからには彼女の体の隅々まで俺が味わわせてもらうとしよう。

正常位でたっぷり彼女を悶えさせてから、今度はうつ伏せにしてバックから挿入してやると、彼女は手で顔をおおって恥ずかしがった。

「こ、こんな格好……あまり見ないでください」

「きれいなお尻ですよ。ほら、尻の穴までこんなにひくひくして、こんなエロい尻は見たことないですよ」

ぐいと尻を広げてやると、アヌスがきゅっとすぼまった。

そこからさらに挿入を深めると、膣肉が締めつけてくる。生の肉の感触が心地よく、俺は唇を嚙んで射精を我慢した。

「いいですよ奥さん、もっと、もっと奥までいきますよ」

「あぁ～っ、そんな、ひい、ひいんっ」

ベッドをギシギシと軋《きし》ませながら、俺は彼女をバックから犯しまくった。

最初こそ慣れていないふうだったが、やがて体がほぐれてくると彼女は髪を振り乱して悶えよがった。こうなるともう俺のペース、彼女の片足を持ち上げてさらに股を広げさせると、ち○ぽの根元までずんずんと突き入れる。

「あぁダメ、そんなとこ来る、きちゃうぅっ」

「うぅ、締まるっ」

きゅんきゅんというま○こ肉の締めつけに、俺も限界を感じた。抜こうか、そのまま出そうかと一瞬迷ったが、彼女のほうから尻を突き出してきて、俺を放そうとしなかった。

「いっ、イクぅううう～～っ」

どくっ、どくっ……こうなってはもう仕方がない、俺は深々と彼女にねじ込んだまま、彼女の中に精液を注ぎ込んだ。

久しぶりの生ハメ、中出しをたっぷりと堪能してから陰茎を引き抜き、彼女の顔に少し萎《な》えたち○ぽを近づけた。彼女はアクメの余韻で少しぼうっとしていながら、俺のものを口に咥え、ぺろぺろとしゃぶってくれた。

「あぁ、おち○ちん……おち○ちんの味……」

ぬらぬらとした人妻の口の中、そして舌づかいを愉しんでいると、萎えかけていたイチモツがまたむくむくと大きくなっていく。中出しされたというのにそれほどあわてないところは、やはり人妻だけある。これはとことん生ハメを愉しむしかないだろう。

俺は彼女をあおむけにすると、今度は正常位でち○ぽをねじ入れた。

「あぁっ」

深く突き入れると、彼女の甘い蜜が「ぷしっ」と噴きこぼれた。さっきとは違う角度でこすり立てると、奥からどんどん熱い体液が溢れてくる。さっき出したばかりなのにまたすぐ射精してしまいそうだ。

「奥さん、奥さんのま○こ、とろとろですよ」

「だって、こんな硬いので奥まで突かれるなんて初めてだから……あぁ、おち○ちん気持ちいいっ」

彼女は俺にしがみつくような格好で、体をよじって甘い声を洩らす。旦那しか知らない人妻の体は、今日会ったばかりの男のち○ぽを受け入れ、いやらしい汁を洩らし悶えている。

きっとこれが彼女のほんとうに望んでいたことなんだろう。なら俺もそれにこたえるべきだろう。俺は彼女と舌を絡ませながら、腰の動きを速めていった。

「あぁすごいっ、もっと、もっとしてくださいっ」

俺は彼女のおっぱいをもみながら、全力で腰を奮った。彼女のま○こもすっかりほぐれたようで、俺のイチモツを受け入れアクメの痙攣を繰り返した。

ひいひいとのけぞらせる首筋に吸いつき、耳の後ろを舌でくすぐり、髪の毛をつかんでぐいぐい引っぱった。そんな荒っぽい愛撫にも彼女は反応し、ま◯こが俺のものを絞り上げた。

「うっ、そんなに締めつけたら、また出しちゃいそうですよ」

「出して、私の中にいっぱい出してください」

生ハメをしたのも久しぶりだが、こんなに興奮したのも久しぶりだ。俺は彼女の中を精液で白く染め上げたいという欲望のままに、ひたすらに腰を奮い、彼女の子宮を突き上げつづけた。

「あぁっ、すごく気持ちいい、いいです！ こんなの、こんなふうにされるの初めてで、変になりそう」

「もっとヘンになってもいいですよ。中にまた射精してあげますよ、奥の奥に出しますからね」

「出して……おま◯この奥に、精液出してください……っ」

しがみついてくる彼女と唇を重ねると、俺はラストスパートをかけた。彼女の中にこうして精液を出した男は、たぶん俺で二人目だ。まだまだ新鮮さを残している人妻ま○こを突き上げ、俺は二度目の射精を感じた。

「あぁあっ、熱いっ、熱いの出されてるっ」

アクメに絶叫する彼女をしっかりと抱きしめ、俺は彼女の奥の奥でたっぷりと精液を発射した。腰がしびれるような射精の快感はほんとうに久しぶりだった。最後の一滴まで彼女の中にぶちまけると、彼女はようやく放心したように手足から力が抜けていった。

陰茎を抜くと紅色の肉の割れ目からどろりと白い精液が噴きこぼれた。そんなエロい姿を見ていると、いま出したばかりだというのに、俺のモノはまた大きくなっていくのだった。

俺は基本的にいきずりの人妻とのセックスを刹那的に愉しむのが主義で、同じ人妻と何度も会うことはめったにない。だが、彼女とはそれからも何度も不倫セックスを楽しんでいる。最初は少しためらいがちだった彼女も、いまはすっかりち○ぽの快楽に目覚めたようだ。

「だって、ち○ぽセックスがこんなにいいものだなんて、誰も教えてくれなかったから……」

そう言って、いまは彼女のほうから俺のイチモツにむしゃぶりついてくるほどだ。

彼女はフェラテクもうまくなって、これが旦那しか男を知らなかった地味な主婦とは思えないようないやらしい舌づかいで俺のモノを勃起させるのだ。

「ねえ……今日は私が上になってもいいですか」

そう言ってれろりと舌舐めずりをすると、俺をベッドに押し倒してくる。そうして悩ましげに腰をくねらせると、俺の腰に跨《また》がってくるのだ。

焦らすようにパンティを横にずらすと、そこは触れてもいないのにたっぷりのエロま〇こ汁で溢れている。俺は手を伸ばしいきなりずぶりと指を二本ねじ込んでやる。すると彼女は「あぅっ」と発情したメスの声をあげ、内腿を溢れ出たスケベ汁で濡らすのだ。

「あぁ、硬くておっきいの入ってきます……」

自分から腰をくねらせて俺のモノを咥えこんでいく彼女は、もう誰が見ても立派な淫乱熟女だ。これは俺が彼女に教え込んだせいだろうか、それとももともと彼女本人にエロな素養があったからだろうか。

まあどっちにしても彼女はすっかり淫乱女になったわけだし、俺もそれを楽しませてもらっているので、どっちでもかまわない。騎乗位でさんざんよがらせたあとは、彼女の両手を後ろ手にくくり上げ、バックからち〇ぽを突き入れてやる。

「あぁ、この体位もわたし好きです。思いきりうしろから突いてくださいっ」

淫らに腰をくねらせる彼女のエロ姿に、俺も張り切って腰を振る。最初に会ったときからは考えられないほどのエロさを見せる人妻のエロま○こに、俺は何度でも精液を注ぎ込むのだった。

クンニでイカせられなかったら時給三倍!? パート先のセクハラ店長の言葉にのせられ

佐久間佳香　パート・四十八歳

結婚して二十一年、ずっと専業主婦でした。

上の娘は地方の大学に進学して、家を出ていってしまいました。

下の娘は高校生。部活のバスケを一所懸命やってます。私がしてあげられることは洗濯ぐらいです。夫は相変わらず仕事人間で、平日は寝に帰ってくるだけです。

なんだかアラフィフになって、急にぽっかり心に穴が空いたみたいで……。

こんなとき趣味でもあればいいんでしょうけど、子育て中は自分の時間ができたら本を読んでたぐらいで。それもそんなに熱中するほどじゃなかったし。

じゃあ、どうしよう？　ってなったときに、老後の年金不足問題もあるし、働いてみようかと思ったんです。だけど、私にはお勤めの経験がないんですよね。

実家が和菓子のお店を営《いとな》んでいて、高校生ぐらいからアルバイト代わりに手伝っていました。女子大を卒業してからも、独身のときは社員扱いで家事手伝いみたいなことをやってましたから、時給いくらとかで働くバイト経験もなかったんです。

でも、いちおう、実家の店で接客とかはしていたので、たまたまパートの募集をしていた家から三番目に近いスーパーに応募してみました。

そうしたら、トントン拍子に決まっちゃって、半年前から働いてるんです。パート仲間には同年代の主婦も多くて、すごく働きやすい職場でした。

しかも上の娘の幼稚園のときのママ友と、下の娘が小学校のときにいっしょに係をやったママ友までいて、久しぶりに会えてうれしくなっちゃいました。

週三日から四日、六時間ぐらいでシフトに入って、在庫確認と品出し、商品棚の整理にレジといろんなことをやってるんですが、頭と体の運動になるし、もちろんそれでお給料をもらえるんですから、ほんとうに働いてよかったと思ってます。

ただ、一つ問題があるとすれば、店長のセクハラでした。

店長はすでに還暦を超えた男性なんですが、そのわりには、私たちパートの主婦にも挨拶代わりにエッチなちょっかいを出してくるような軽い人でした。

「んー、今日もまるまるとして、たまりませんね」

なんて言いながら、倉庫で作業中にお尻をさわってきたりするんです。

でも、憎めないというか、同僚の女性たちも店長のセクハラには嫌悪感を抱かないみたいで、「店長〜、訴えますよ」なんて笑っていました。

私は中学とか高校時代を思い出しました。思春期の好奇心で女子にちょっかいを出してくる男子が何人もいたんですけど、同じことを言われたりやられたりしても、イヤだと思う男子と思わない男子がいたんです。そういうのは、いくつになっても変わらないものなんですね。店長を見てるとそんなふうに感じました。

それに私、実は会社勤めには興味があって、もしOLとかやってたらセクハラとかされたんだろうなって、ちょっと楽しんでる部分もあった気がします。

だから、休憩時間に店長がやってきて、私の耳元で「佳香《よしか》さんの好きな体位はバックでしょ」とか言っても、「やだ店長、どうしてわかるんですか」なんて冗談で返しちゃったりして……自分がそんなこと言えるなんて、思ってもいませんでした。

なので、あの日突然、店長に「佳香さん、今晩、メシでもどうですか?」と誘われたとき、あたりまえのように「ハイ」と答えてしまったんです。

三カ月ほど前のことです。その日は、たまたま高校生の娘が部活の合宿、夫は地方出張でいないという、あとで考えればいろんな意味で絶好のタイミングでした。

そして私たちは、勤務時間が終わってから、近郊ではもっとも繁華な隣町の駅前で待ち合わせしたんです。入ったのは落ち着いた感じの和食屋さんでした。

「何か仕事で困ってることはありませんか？」

最初はそんな店長っぽい話をしてくれました。

そのうちに話はプライベートのことになって、店長には二人の息子さんがいると知りました。それどころかすでにお孫さんもいるそうで、しばらくは子育ての話とか、世間話とかで盛り上がりました。

ただ、そうなることは最初から予想できたことですが、飲むほどに酔うほどに、店長はいつも以上にセクハラモードに突入していったんです。

「ボクもそうなんですけど、妻だけEDって知ってます？」

「いいえ……でも、なんとなく意味はわかります」

「佳香さんみたいな女性が女房なら、そんなことないんでしょうけどね。どうなんですか、毎晩のように、旦那さんに襲われてるんじゃないですか」

「やめてください。うちだってもう、結婚二十年以上ですから……」

「あ、そうか、佳香さんのほうが襲っちゃうんですね」

「もおっ、どうしてそうなるんですか」

結婚してから夫以外の男性と二人きりで飲むなんて初めてなのに、内心ドキドキしながらも、そんな話題を楽しんでいる自分が不思議で仕方ありませんでした。

そのうちに店長がこんなことを言ったんです。

「ボクね、絶対に女性を……クンニでイカせる自信があるんです」

「そ、そんなことに、絶対はないんじゃないですか」

「じゃあ、佳香さん、試してみます？」

私は動揺を見透かされないように、冷静を装《よそお》ってこう切り返しました。

「あの……イカなかったら、どうしてくれるんですか？」

すると店長は満面の笑みで、こう答えたんです。

「そうですね、時給を三倍にします！」

やだ、なんかなまなましい。店長ってそんなことしていいの？　そう思いながら、私は「約束ですよ」と言っていました。目的はクンニじゃなくて時給ということになりました。女というものは、そういう大義名分があると大胆になれるんです。

そして私たちは、雑居ビルの地下にあるレンタルルームに移動しました。そんな場所があることさえ知りませんでした。

簡易ラブホテルとでもいうのでしょうか。なんだか薄暗いし、ビニールマットのベッドだけでほぼいっぱいの三畳ぐらいの部屋にシャワーがついているという、ほんとうにエッチをするためだけのスペースという感じで、いやらしいんです。

そんな場所ですから、ベッドに座るしかありませんでした。

「それじゃ、前をはだけてください」

店長があたりまえのように言いました。

「……は、はい？」

「いきなりクンニっていうのも、恥ずかしいでしょ」

もう従うしかない状況なので、私はブラウスのボタンをはずしていきました。

「ブラジャーも取ってください」

「……わ、わかりました」

ブラジャーをはずして、両腕で乳房を抱えるように隠してうつむきました。

「とりあえず、リラックスしてくださいね」

店長は私の腕を引き剝がしながら、乳房に右手を伸ばしてきました。ゆっくりと指先に力を入れては、もみ心地を確かめるように力を抜いていきました。それから指を埋め込んだまま、円を描くように乳房をもんできました。

「あ、あの……店長……」

「なんですか？」

「店長はいつも、こんなことしてるんですか？」

「そんなことありませんよ。ボクなんて、もう孫がいるって言ったじゃないですか」

そう言いながら店長は、私の乳房を愛撫しつづけました。いつの間にか左手も加えて両手でもんでいました。まるで餅をこねるようにグイグイと……。

「どうですか、だいぶ体の力も抜けたようですけど」

「……え、ええ」

私はそう答えるしかありませんでした。

「佳香さん、乳首は感じるほうですか？」

「そ、それは……あっ！」

店長が両手の指先で左右の乳首をつまんで、クリクリと転がしてきたんです。いきなり強い刺激に襲われて、私はビクビクッと全身を弾ませてしまいました。

「すごく敏感じゃないですか」

「……す、すみません」

「どうして謝るんですか。いいことじゃないですか」

そう言って私の胸元に顔を寄せてきた店長は、そのまま、左の乳首を口の中に含んでしまいました。乳輪の外側に吸いつき、舌先で乳首を弾き、転がしてきました。

「ああっ、そんなに……うぅっ！」

続けざまに右の乳首にしゃぶりついて、左の乳首は指先で転がしてきました。それから右の乳首をクリクリしながら、左の乳首に吸いついてきました。口と指の愛撫が左右交互に繰り返されて、私の乳首は店長の唾液でヌルヌルになりました。

「ん、むぐぅ、おいしいよ、佳香さん」

私の我慢は限界に達していました。エッチな声が出そうになるのを必死で飲み込むたびに、全身がヒクヒクと痙攣を起こしていたんです。

「も、もう、いいんじゃないですか、胸は」

そう言って店長の肩を弱々しく押し返しました。

「そうですか。じゃあ、お約束のクンニを始めましょうね。自分でスカートとパンティを脱いでもらえますか。上はもう着ていいですよ」

お互い合意のうえだということを言い聞かせるような店長の口調でした。

「恥ずかしいでしょうから、ボクは背中を向けていますね」

私はいまさらながらとまどいつつも、ブラジャーとブラウスを身に着けました。それからフレアスカートを脱いで、白いショーツを足から抜き取りました。ふと見ると、ヴァギナが当たるクロッチ部分の布地がねっとりと濡れていました。あわてて先に脱いだスカートの中にクルクルと丸め込んで、ベッドの上にそっと置きました。

「準備できましたか？」

「え、えぇと……そうですね」

店長がゆっくりと振り返ってきました。

「じゃあ、横になって、脚を広げてください」

膝を立ててあおむけになると、ビニールマットのひんやりとした感触が伝わってきました。脚を開けずにいると、店長が膝に両手を乗せてきました。そのままグッと左右に押し開かれて、内腿が水平になるほど広がってしまいました。

「ヒッ、恥ずかしい……」

店長の目に映る自分の格好を想像すると、私は顔から火が出そうでした。こんなことなら全裸のほうがマシだったかもしれません。寝そべった上半身に服を着て、すっぽんぽんの下半身はM字開脚になっているんです。逆に性器を強調しているのはまちがいありません。しかもそこは……。

「佳香さん、舐める前からヌルヌルじゃないですか」

そう言って、店長が股間に身を埋《うず》めてくるのがわかりました。

「そ、そんなに見ないで……あぁぁーッ！」

いきなり店長がヴァギナに唇を密着させてきたんです。

「うぐっ、アウッ、い、いやぁ……」

何度も、何度も、激しく、いやらしく唇を重ねてきました。

私はそれまで、舌を伸ばしてピンポイントでクリトリスを舐めるのがクンニだと思っていたんですが、店長のクンニはヴァギナへのディープキスで始まったんです。

それは私の常識を覆すほどエロチックなものでした。

「そ、そんなふうに、あぁッ、どうしよう……」

ヴァギナ全体にむさぼりついて、グチャグチャに唾液をまぶして、舌の表面でこれでもかと小陰唇を舐めて、それから膣口を吸ったりつついたり、小刻みに舌先を出し入れしたり。頭の中が快感にかき回されるようでした。

ただ、とどめを刺さずにもてあそぶように、クリトリスには舌を伸ばしてくれませんでした。私は何度もイキそうになって、気が変になりそうでした。

「お、おかしくなりそう……お願いです、はやく……」

はやくクリを、クリを責めて！　と心の中で叫んでいました。

そのときでした。やっと店長の舌がクリトリスをヌルッと舐め上げたんです。

「あああぁーっ！」

自分でも驚くほどガクガク痙攣して、私は一瞬でイッてしまいました。

それから、しつこいくらいのクリ舐めが始まりました。

「あっ、あっ、ダメダメ、気が狂っちゃう！」

もう私はどこまでイクかわからないぐらい、イキッぱなしでした。やがて店長がゆっくりとクンニをやめて、うれしそうに言いました。

「佳香さん、イッちゃったよね」

私はなぜかごまかすように、途切れ途切れに口にしました。

「い、いいえ……私、イッて……ません」

店長は「えっ」と驚いたような顔をしてから、ニヤッと笑いました。

「なるほど、まだイキたりないんだね。じゃあいくよ」

そして、今度は二本の指をヴァギナの奥深くに挿入してきたんです。そのまま、まるで愛液をかき出すように激しく動かしました。

「あっ、あうッ、そんなに……あぁあぅーっ」

グジャッ、グジャッと狭い部屋に、ねばりつくような音が響き渡りました。

「ああうっ、んぐっ、店長……おかしくなっちゃうぅ」

そして同時にクリトリスを舐め上げはじめました。

「ああーっ、すごいいっ、そんな……もっと、あうっ、んっ」

私は店長が手と口を使って響かせる淫らな音を、喘ぎ声でかき消そうとしました。

「イヤイヤ、おかしくなりそう、あっ、そこ！」

店長がさらにクリトリスを舐めつけ、挿入した二本の指を動かすと、唾液と愛液が混じり合って、アナルまで滴《したた》り流れているのがわかりました。

「ああっ！　も、もう……もうっ、イキそう」

私は自分のヴァギナを店長の顔にこすりつけるように、腰を振り動かしました。

「イクイク、もう、イッ、イグゥ～……」

昇りつめた私は、しばらくの間、ビニールベッドの上に横たわっていました。

「ハッ、ハゥ、こんな、私……信じられない」

すると下半身のほうから、店長の声が聞こえてきました。

「佳香さん、残念だけど時給三倍は……ダメだったね」

そして、カチャカチャとベルトをはずす音も聞こえてきたんです。

「な、何をしてるんですか？」

「だって、自分だけあんなにイッたら、ズルいじゃないか」

「……やめてください。そ、そんな約束はしてません」

店長は私を黙らせるように、亀頭をクリトリスに押し当ててきました。

グチャッ、グチャッ……いきり勃《た》ったペニスを手で支えて、ヴァギナをえぐるようにこすりつけてきました。私は卑猥な音に頭の中までかき乱されました。

「佳香さん、入れていいかい？」

店長がそうささやいてきたのは、かなりの時間がたってからでした。

「……」

さすがに私は自分から挿入を求めることはできませんでした。

すると店長の左手がスッと伸びてきて、あおむけで天井を見ていた私の頭が持ち上げられました。そして股間のほうに引き寄せられたんです。

「見てごらん、自分のアソコがどんなになってるか」

それは私の想像をはるかに超えて、いやらしい光景でした。

私のヴァギナは小陰唇がぱっくりと開き、ネバネバの本気汁が溢れていました。その淫らな割れ目を、大きくカリの張った亀頭がえぐるように往復していました。

「これでも、入れなくていいの？」

言いながら店長は、亀頭の三分の一ほどをヌチャッと膣口に押し込みました。そしてそのまま亀頭の先っぽだけのピストンを繰り返したんです。

「あ、イヤッ……もっと、ちゃんと……」

「え、もっと、ちゃんとなんですか？」

たまらず私は、とぼける店長に必死でせがんでしまいました。

「も、もうっ、ダメ……店長、入れて！」

「佳香さんがそんなに欲しがるなら、仕方ありませんね」

言いながら店長が、ズリュッと一気にペニスを突き入れてきました。

「ぐうぅっ、い、いいッ……奥まできたぁ」

いきなり大きいストロークの出し入れが始まりました。私は店長に両手で頭を抱えられて、その光景を見せつけられました。私の脳裏に学生時代に愛読していたエッチなレディコミのような、淫らなセリフが渦を巻きました。

（あっ、あっ、あんなに太いチ○ポが、私のオマ○コに、根元まで出たり入ったりしてる。ああっ、引き抜かれるたびに、ペニスに私のビラビラが、ネトーッってねばった糸を引いて吸いついてるぅ、なんていやらしいの……）

自分から求めてしまった挿入場面に、私の体中が沸騰していきました。店長は亀頭を膣口の外まで引き抜いてから、ズンと奥まで突き入れてきました。

「す、すごい名器だ。吸い取られそうだよ」

「店長こそ、太くて……あっ、硬くて、あぁーっ」

私は夫とも、こんなセックスをしたことはありませんでした。まさにレディコミの世界としか思えないような激しい行為で、感じている自分が信じられませんでした。

「すごい、すごい、店長のチ○ポが、私のオマ○コに刺さってる！」

淫らなセリフを口にするほど、興奮と感度が増していくようでした。

「佳香さん、発情したメス猫みたいだよ」

虐《しいた》げるような店長の言葉が、私の淫らな本性をさらにかき立てました。

「ダメダメ、そんなの、興奮しちゃう！」

「んっ、むぐぅ」

うめき声を発した店長が、それまで以上のスピードで腰を打ちつけてきました。

「ああっ、すごいっ、いい、あうっ、いいーっ」

続けざまに絶頂の波に襲われて、私は髪を振り乱しました。

「イっ、イっ、イクイク、イックゥー」

私は目を見開いて、挿入の現場を凝視したまま訴えてしまいました。

「きてきて、店長、中に出して！」

それを待っていたように、店長がラストスパートのピストンを開始しました。

「ああっ、くぅ……出る、出すよ！」

私の中に大量の精液がほとばしり、子宮に打ち当たってきました。

そして、長い余韻の荒い息の中、店長がポツリと言ったんです。

「佳香さんが中に欲しがったんだからね」

いいんです。まだかろうじて生理はありますが、妊娠する可能性はほとんどないでしょう。それから三カ月の間に、私は何度も店長に中出しされました。

パートが終わると店長を倉庫に誘って、フェラで挑発するのが私の趣味になってしまいました。パート仲間に見つかるんじゃないかとドキドキしながら、スーパーの制服のまま、立ちバックで激しく出し入れされるのがいいんです。

いままでの私では考えられないようなことをしながら、夫と娘には驚くほどふつうに接している自分が、すごく不思議です。

保護者会で面識のあった奥さんと偶然再会し不倫と夢のアナルセックスまで体験して……

志村亮介　会社員・五十四歳

毎日の電車通勤を何年も続けていると、意外な人に声をかけられることが何度かあるものです。

二カ月ほど前のある日、残業が早めに終わった私が電車でスマホを見ていたときです。

「……絵理香《えりか》ちゃんの、お父さんじゃありません？」

隣に立っていた女性から声をかけられました。

私より少し年下ぐらいの美人です。一瞬とまどいましたが、すぐに思い出しました。

そもそも私の娘の名前を最初に出す知り合いは多くありません。

「えっと……翔太《しょうた》君の、お母さん？」

「そうです。ご無沙汰しています」

いまは大学生の娘が小学校と中学校時代に、妻が参加していたPTAの知り合いだったのです。当時、私も積極的に活動に参加していたため、同級生の男児のママさんだとわかりました。彼女は途中から会長に就任した斎藤万里子《さいとうまりこ》さんでした。

「翔太君は元気ですか？　あのやんちゃくれ」

「元気です。高卒のキャリアが気になるけど、仕事も楽しそうにやってるし。絵理香ちゃんはどう？　きれいになってるでしょうね」

「化粧とバイトと飲み食いばかりですよ。オヤジの言うことなんか聞きやしない」

互いの素性がわかると、私たちは少々混んできた電車の中で、当時の口調そのままで近況などを話し合いました。

斎藤さんは美人ですが、ちょっと変わった女性でした。

娘が中学一年のとき、余った予算でPTAの女子会があったのですが、遅く帰宅した妻が、まだお酒の残っている赤い顔で、こんなことを言ったのです。

「こないだPTAの役員会議、斎藤さんすごく短いスカートはいてたの覚えてる？あのとき斎藤さん、ノーパンだったんだって！」

「ノーパン？　なに、なんの話だ」

問題の少なくないPTAの新会長として辣腕《らつわん》を振るい、小学校の卒業式は和装で保護者代表として長いスピーチをする才女なのに、えらく違和感のある報告でした。

「仕事はすごくできるけど、ヘンな趣味があるみたい。驚いたわ」

いわく、ノーパンミニスカでしょっちゅうスーパーに買い物に行っている、ノーブラに白いブラウスで夏の満員電車に乗った、小学校の卒業式のあと、泣きながらトイレで自慰行為をしていた……。

「ほかにもいろいろ言ってたわ。お酒が入って口がすべったのね、きっと」

驚きましたが、むろんおかしな想像はしないし、大人の分別として誰かに告げることもしません。子どもたちがそれぞれ高校に上がり、つきあいが薄れていくと、私もそんな話はすっかり忘れていました。

ですが、間近で久しぶりに斎藤さんを見て、六年も前の妻との短い会話を、一気に思い出したのです。

イタズラ心を起こし、私は片手を添えて、斎藤さんにそっと訊きました。

「……いまも、ノーパンなんですか？」

「はいてます。白のフリル。脱がしたいですか？」

挑発的な即答に、セクハラ全開の質問をした私のほうが面くらいました。

「……ぼくが、斎藤さんの性癖を知ってることを、知ってるんですか？」

「なんとなく。ずっと前、PTAの女子会で私が口をすべらせたときから、なんだかパパさんたちがよそよそしくなったもの」

混んできた電車の中で、斎藤さんは含み笑いを洩らしました。

困惑しながらも、私はすぐに反撃しました。

「白のフリルですか。脱がしたいな。次の駅で降りますか？」

私からの反撃が予想外だったのか、斎藤さんはわかりやすく狼狽《ろうばい》していました。

「……今日は、困ります。また、次の機会に」

あいまいに笑いながら、斎藤さんはそんな言い方をしました。

結婚以来、私は浮気などはしたことがありません。魅力的な女性はどこにでもいますが、PTAであれ職場の女性であれ、よこしまな考えを持ったことは一度もなく、セクハラもしたことがありません。

それが、この小さな再会で初めて揺らぎました。

(冗談につきあってるみたいな言い方だけど、この調子だと、強く迫れば……)

「志村《しむら》さん、PTAのときの私の連絡先なんて、もう残ってませんよね？」

「知り合いは全員残してます。みんな、どんな縁があるかわからないし」

「今度、連絡してもかまいませんか？」

満員電車の中で不自然にならない程度に、私は斎藤さんの耳元に口を寄せ、

「かまいません。念のため、妻と絵理香には内緒にしときましょうか」

斎藤さんは私の問いには答えず、吊革をつかんだままちょっとうつむきました。

その夜、五十代半ばにして初めて淫らな期待がわき、年甲斐もなくドキドキしていました。妻と娘に言わないという、ささやかな悦楽も覚えました。

翌日、さっそくスマホに斎藤さんからメッセージが入りました。

〈きのうは驚きましたね。これからの私の時間の取れる日程です〉

予定を入れたメモ書きらしい画像が添付されていました。

二週間のうちに、私たちは二度、途中の駅で降りて、コーヒーショップやファストフードで話をしました。その時点では、まだ罪のない密会にすぎませんでした。

三度目は最初に会ってからちょうど三週間後でした。近隣のチェーン店のコーヒーショップでしたが、狭い客席の一部が小さなカウンターになっており、外からも微妙な死角になっていました。

「PTAのときから、もっと志村さんと仲よくしておけばよかったわ。私の手、こんなにオバサンになっちゃったし」

妻に較べて、キメの細かな白い手でした。私は心臓をバクバクさせながら、斎藤さ

んの手に触れました。

「やわらかいじゃないですか。すてきな手だ……」

「あら、なにをなさるのかしら」

笑いながら、控えめに非難しつつも、手を引っ込めるつもりはなさそうでした。

見ると、斎藤さんのブラウスの第二ボタンがはずれていました。斜め上からのぞき込むと、ブラジャーが丸見えになっています。席に着くわずかなスキにはずしたに違いありません。

「……このすき間から、手を入れてみたいな」

「それは目立つから……服の上からなら」

そっと服の上から胸に触れました。そのやわらかさと、妻以外の女性のこんなところに触れているという事実に、心臓が破裂しそうになりました。

「お尻は、もっとやわらかそうですね」

自分がこんな言葉を発したことに自分自身驚きながら、斎藤さんの背中と背もたれの間に手を入れました。

椅子に腰かけているため、お尻の上半分ぐらいしか触れられませんでしたが、スカート越しにでも、女性のお尻はこんなにやわらかいものかと思い知りました。経験はありませんが、電車の痴漢の気持ちがわかるような気がしました。仕事帰りの妻のお尻にふざけて触れたことがありましたが、まったく異なる触感に思えました。

「……志村さん、次の、おデートなんですけど」

斎藤さんは顔を赤くしながら、そんな言い方をしてきました。

「〇〇日、志村さんも私も、一日空いてますよね？　何か予定があります？」

「ありません。家を留守にする理由はいくらでも思いつきます」

「一日、落ち着いてゆっくりお話ししたいわ。二人きりになれるところで」

わかりやすく、私の耳にも古臭く聞こえるお誘いでしたが、それを聞いてもう、息が荒くなるのがとめられませんでした。

その日まで五日間、私の心は、まるで高校生の初デートのように弾んでいました。妻や娘に悟られないよう、家では無理に難しい顔をしていました。

待ち合わせ場所は、双方の職場と家の途中の駅でした。近くに昔ながらの風俗店とラブホテル街のあるところです。

「おはようございます。すみません、お待たせして」

少し駅で待っていると斎藤さんが来ました。いつもの通勤スーツです。訊きはしませんでしたが、ご主人には仕事だと告げてきたのかもしれません。

午前十時、朝の日差しの中でラブホテル街を歩くのは、さすがに抵抗がありました。斎藤さんも終始うつむき加減でした。

「それは、お仕事のカバンじゃないですよね？」

斎藤さんは、いつもの仕事のバッグとは異なる、紙バッグを持っていました。

「これは……あとで説明します」

斎藤さんはうつむいたまま、小声で言いました。

周囲を気にしつつ、ラブホテルの一つに入りました。こんなところを利用するのは結婚以来だったので不安がありましたが、パネルで部屋を選び、室内の小窓で清算する仕組みは同じのようで、内心ほっとしました。

「うふふ、志村さん……」

部屋に入ると、斎藤さんは私にしがみついてきました。私も抱き返し、背中やお尻をスカートの上から激しくもみました。

はやる心を抑え、私たちはベッドに横に並んで腰かけました。

「こないだのコーヒーショップで、こんなことしましたね」

私は服の上からそっと斎藤さんの胸に触れました。

「そうだ、お尻もさわろうとしたんだけど、背もたれが邪魔だったんです」

そう言ってスーツの上からお尻にも触れました。

「うふふ、ドキドキしましたわ」

ごく近い距離で顔を見合わせ、私たちはキスしました。

（これが斎藤さんの、唇の味……あの斎藤さんと、キスしてるんだ）

PTAで保護者たちの意見をまとめ、教諭たちを挟んでイベントを企画し、予算編成で遅くまで仮教室で仕事をする、あのころのキビキビした斎藤さんを思い浮かべ、強い非日常感と、形容しにくい征服感を覚えました。

「あのコーヒーショップで、後ろの席にいたカップルが、私たちをチラチラ見ていたんですよ。気づいてなかったでしょう？」

「気づいてましたよ。あの子たちがいなければ、こんなこともしたかったんです」

「まあ、志村さん……」

私はスーツのスカートの下から出た斎藤さんのふとももをなでました。ホテルの個室にいるのに、斎藤さんの足は電車で腰かけるようにぴったりと閉じていました。

「斎藤さん、少し脚を開いてください」

「……こう、かしら」

ためらいながらでしたが、斎藤さんは両脚を肩幅ほどに開いてくれました。電車の中で絶対に女性がしないような角度です。

私はふとももをなでつつ、手のひらをゆっくりスカートのなかにすべらせていきました。自分の手が既婚女性のこんなところに入っていくのを見て、興奮は最高潮に達しました。

斎藤さんはゆっくりと立ち上がりました。ほてった顔に、見たこともない妖しい笑みを浮かべていました。その表情を見て、なんとなくピンとくるものがありました。

「斎藤さん、こういう経験、初めてじゃないんですか?」

「うふふ、ノーコメント」

そう言われては強く訊けません。私も立ち上がり、向かい合って互いの服を脱がせました。

「うふ、満員電車でもこんなに近づいたりしなかったわね」

「そんなこと言われたら、満員電車の中で斎藤さんのスカートを脱がしたくなりますよ。こんなふうに」

ホックをはずし、ファスナーをおろすと、スカートは音もなく床に落ちました。

ブラジャーをはずすと、予想以上に豊かな巨乳が現れました。乳輪はさほど大きくなく、乳首も存外に清楚なピンク色でした。

「斎藤さんのおっぱいを見られる日が来るなんて、夢にも思いませんでしたよ」

「私はちょっと思ってた、って言ったら驚きます？」

「驚きます。いつからですか？」

「電車でお会いした日から。うふふ」

やんわりと両手を取られ、ベッドに乗りました。下着姿で、私が上から重なるかたちで抱き合い、激しく互いをまさぐり合いました。妻とは感触の異なる乳房を乱暴にもみしだくと、私の心に、やっと後戻りできないことをしている実感がわきました。

「脱がせて……」

無表情な顔で斎藤さんは言いました。私は体をズルズルと下げ、ストッキングと白いパンティをゆっくりと脱がしました。危険な噂のある斎藤さんですが、パンティは白のフリルで、ちょっと意外に思ったのを覚えています。

「うふふ、志村さんに脱がされてると思うと、恥ずかしいわ」

そんなことを言いましたが、パンティをずらして股間のYの刻みが見えたとき、私は驚きの声をあげました。

「斎藤さん、これ……？」

「うふ、恥ずかしい……私、大学生のころからずっとこうなんですよ」

無毛、いわゆるパイパンだったのです。まるで小学生女児のように、性器には毛がなく、女性独特のふくらみの上に一本線が刻まれていただけだったのです。開いた女性器のこんな状況がくっきりとわかりました。

脚を開いてもらうと、性器の状況がくっきりとわかりました。

なに鮮やかな姿を見たのは初めてでした。

「志村さん、いらして……」

斎藤さんが両手を差し出してきました。私はまたズルズルと体を戻しました。初めての不倫セックスに加え、予期しないいやらしい情景を見て、ペニスは最大限の勃起を遂げていました。

「入れてください……」

怖いほど真剣な顔で言われ、私はペニスの根元に手を添えて膣口に向けました。

「ああ、志村さん……」

挿入を始めると、斎藤さんはあごを出して湿った声を洩らしました。

（うちのヤツのオマ〇コと、ちがう……）

朴念仁で妻一筋だった私は、顔や身長がちがうように、女性によって性器の具合もちがうのだということを初めて知りました。

体全体を前後に揺らしながら、ゆっくりとピストン運動を始めました。

「ああ、すごいわ、志村さんの、硬い……！」

「……いつもは、こんなに硬くならないですよ」

謙遜《けんそん》のつもりでしたが、妻に対して失礼な言い方だと、後になって思いました。

すぐにピストンは最速になり、最初の絶頂の予感が走りました。異様な状況が昂《たかぶ》りに拍車をかけていたのでしょう。

「あん、あんっ！　待って、志村さん、ちょっと、止めてください」

斎藤さんが私の腰をつかみ、制止しました。そうして自分の腰だけを引き、目を閉じてあごを出して、ペニスを抜きました。

ペニスを抜き去るとき、一瞬だけ「んんっ」と眉根を寄せてうめきました。

「志村さん、せっかくですから……ちょっと変わったことを試してみません？」

ベッドで横になっているのに、斎藤さんはあごを引いて上目づかいで言いました。

「変わったこと？」

斎藤さんはゆっくり上半身を起こすと、持ってきた紙バッグに手を伸ばしました。

「たとえばですけど……お尻でしてみるのはどうかなって思って……」

「お尻？」

狭くて妖しい室内で声が裏返りました。斎藤さんがバッグから取り出したのはコンドームとローションの入ったボトルだったのです。中身がローションだというのはあとで聞いて知りました。

「おいや？」

「いやじゃないですけど……やったことがないもので」

おかしな言いわけをする私に、斎藤さんはクスリと、上品ともいえる笑みをこぼしました。

「ローション、お尻に塗っていただけるかしら？　志村さんのここにコンドームをかぶせて、それにもたっぷりと……」

まるで童貞のころのように、おろおろとコンドームを被せ、そこにローションを垂らして塗りこみました。斎藤さんは終始薄い笑みを浮かべたまま、ゆっくりと四つん這いになりました。

白くて大きなお尻におずおずとローションを垂らしましたが、

「うふ、冷たい。ヌルヌルして気持ちいいけど、お尻の穴を中心にお願いしますわ」

ローションというのはこんなにも気持ちいいものかと驚きました。お尻の表層をなでている手のひらまで気持ちいいのです。

逆手にして、揃えた指先で斎藤さんの肛門をなでました。私はアナルセックスやスカトロなどに興味はなく、ふだんなら抵抗のある動きでしたが、このときは強い背徳感とともに興奮が高まっていました。

「……ここに、入れるんですか？」

「そうです。ゆっくりお願い。ほんとうはそんなことするところじゃないから……」

声にほんの少し不安がにじんでいて、強く印象に残ったのを覚えています。

女性の肛門など、まじまじと見るのは初めてでした。妻のものも凝視したことはありません。しかしそのときの私には、気分の高揚感もあったのでしょう、斎藤さんのアナルは猥褻《わいせつ》で魅力的な生殖器に見えました。

「あうっ……志村さん、ゆっくり」

「……わかってます」

コンドームに包まれたペニスの先が集中線の中心に触れると、斎藤さんが声をあげました。無意識に斎藤さんのお尻を指いっぱいで強くつかんでいました。

プッとお尻の穴が割れ、ペニスを受け入れはじめました。

「ああ、入っていきます。斎藤さんの、お尻の穴に……」

「そう、それぐらいゆっくり……もっと奥まで、いらして……」

お尻の穴にペニスが消えていくのは不思議な眺めでした。

ほどなく、ペニスは根元まで斎藤さんの肛門に消えました。

結婚前を含めても、人生で女性経験は片手で余るほどですが、ペニスの受ける独特な圧迫感は、そのどれとも違っていました。

(目をつぶってても、オマ○コじゃないところに入ってるのがわかる……)

縦に何本も筋が入っているような感覚でした。それがピストン運動で、経験したことのない気持ちよさをペニスに与えてくるのです。

「これ、動いても大丈夫なんですか?」

「ええ……お願い」

声が割れていましたが、女性経験の乏しい私にも、苦痛に耐えているトーンでないことはわかりました。

ピストン運動を始めると、強いタブー感と妙な達成感で、ほとんど息もとめていました。腸が健康なのか、コンドームにはひそかに恐れていたような汚れも、イヤな匂いもありませんでした。

強い興奮状態も手伝って、すぐにピストン運動は最速になりました。最近の妻とのマンネリセックスでは、こんな渾身の力を込めたことはありませんでした。

「ああっ、斎藤さん、出ますっ!」

不倫に加え、アナルセックス、二重に禁忌を犯した背徳感で、恥ずかしながらまるで十代のときのように、充実した射精を果たせました。

「……よかったです。斎藤さんのコーモン」

「まあ、イヤな言い方。うふふ、私のお尻と志村さんのオチ○チン、相性ピッタリでしたわね」

「……もう一度訊くけど、斎藤さん、お尻は初めてじゃないですね?」

「もう一度言いますけど、ノーコメント。うふふ、でもね、お尻にも相性があるんです。私のお尻、志村さんを歓迎してましたわ」

おかしなことに、すごく名誉な言葉に聞こえました。

「ぼくのチ○ポ、斎藤さんのお尻の穴を覚えてしまいましたよ」

「私のお尻の穴もです。あしたもあさってもしたいぐらいよ。うふふ」

それ以来、週に一度、時間をつくって、こっそり斎藤さんとアナルセックスを楽しんでいます。

第四章

肉欲をむさぼる淫女たちの素顔

不倫のアリバイ作りに利用された私は温泉旅館で友人の彼の極太ペニスを味わって

石田愛美　会社員・四十五歳

学生時代からの友人である京香《きょうか》から、浮気のアリバイ作りを頼まれるようになったのは半年前からです。

彼女は昔から美人でよくモテていました。おまけに頭もよくて、優等生という雰囲気だったので、男子生徒のマドンナ的存在だったのです。やがて、社会人になると間もなく、現在のご主人から猛烈なアプローチを受けて、あっさりと結婚してしまいました。

遊ぶこともないままに結婚した彼女は、主婦になっても優等生な良妻賢母でした。いまどき珍しく、エプロンのよく似合うタイプです。そのぶん、ご主人からは、宝物みたいに大切に扱われているのも見てきました。そんな彼女から、不倫しているという告白を受けたときは、とても驚きました。

家庭を壊す気はまったくなく、まだ別れたくないと言いました。そうは言っても隠し通すことにも限界を感じて、私に助けを求めてきたのです。

男性経験の少ないまま結婚した彼女にとって、ほかの男との情事はそうとう刺激的なのだろうと想像できました。

正直、どうしたものか迷いましたが、同じ女として理解できなくもなかったですし、なにより、大切な友人からの頼みを断ることができませんでした。

「協力するけれど。あんなにいい旦那がいるんだから、ほどほどで止めなさいよね」

いちおう、忠告はしましたが、私に頼ってまで不倫を続けようとしている彼女の耳には届いていそうもありませんでした。

間もなくして、彼と二人で飲んでいるという場所に呼び出されて紹介されました。

照れくさそうにはにかむ京香は、入念にお化粧をしていて、胸元が大きく開いたブラウスに短めのスカート姿という、それまであまり見たことがないような格好をしていました。

彼とは、通っているスポーツジムで知り合ったのだそうです。七歳年下とのことでしたが、独身のせいか、見た目は年齢以上に幼く見えて、二人が並んでいると、年の離れた姉弟か、下手したら親子にも見えなくはありませんでした。美人とはいえ、アラフィフにもなると、化粧ではごまかしきれないものです。

彼女がリスクを冒《おか》してまで夢中になっている人は、いったいどんな人かしら？　内心楽しみにしていたのですが、意外にも、おとなしそうな青年という印象で、それほど魅力的には見えませんでした。

だからなおさら、どんなよさがあるのだろうと興味をそそられてしまったのです。

さらに意外だったのは、彼のほうがリードしているように見えたことです。昔から男にチヤホヤされている彼女しか知らないので、てっきりリードしているのだろうと思っていたのですが、年下男の傲慢《ごうまん》な態度や、ワガママにつきあうことさえ楽しんでいるようでした。

飲んでおしゃべりしている間、彼女は私といっしょに写真を撮りたがりました。それをSNSにアップしてご主人に見せるためです。

お酒が進むほど、二人は体を寄せ合って、イチャイチャしはじめたので、適当なところで帰りました。写真さえとってしまえば用はないだろうと気を利かせたのです。

その日以降、彼女に頼まれて、嘘のメールをご主人に送ったり、いっしょにいるような振りを続けたりしていました。だんだんと頻度が高くなることに冷やひやしながらも、しばらくすれば飽きるだろうと見守っていたのです。

ところがある日、今度は大胆にも、彼と一泊で温泉に行くと言い出したのです。さすがにそのアリバイは難しいと答えると、「いっしょに来て」と頼まれました。

「お願いよ。彼が、どうしても行ってみたいって言うの」

また彼氏の言いなりになっていることにあきれてしまいましたが、そこで無茶をして離婚でもされたら、私だって責任を感じてしまうと考えました。

「今回だけよ」

そう言って受け入れました。

私こそ、浮気など一度もしたことのないまじめな主婦なので、こんな機会に、たまには家族と離れて羽を伸ばすのも悪くないと思えました。

でも、お邪魔じゃない？と様子を窺《うかが》うと「和室のほかに仕切られたベッドルームのある部屋だから遠慮しないで」と言われました。

もうここまで来たら、二人がどんなふうに接しているのか間近で見てやろうじゃないの、なんていう好奇心もわいてきました。

当日、道中の電車内でも、現地でも、京香は子どもみたいにはしゃいでいました。

彼のほうも私に気を許していた様子で、京香に抱きついたり、キスをしたりしていました。こちらのほうが恥ずかしくなって、あわてて目を逸《そ》らしたほどです。

宿に着いてから、アリバイ用の写真をたくさん撮りました。そうしていると、まるで学生時代に戻ったような気分になって、ふざけたり、ピースサインしたりして盛り上がってしまいました。

彼は、そんな私たちの姿をニヤニヤしながら見つめていました。

「何よ。オバサン二人ではしゃいでいるのが、おかしいの？」

時間の経過とともに打ち解けて、そんな軽口まで利けるようになっていました。

「いやいや、仲がいいんだな、って思って。浴衣もよく似合いますね」

そう言われて、少し照れてしまいました。

この年になると、夫はもちろん、人様からほめてもらうことなどめったにありません。そのとき、彼にハマる京香の気持ちが少しわかったような気がしました。

異性からのなにげない視線や言葉によって、忘れていた女の部分を呼び覚まされてしまった感じです。

そのあと、いっしょに温泉に入った京香の体が、とても色っぽく見えてしまい、不倫を謳歌している彼女のことを初めてうらやましく思いました。

ほとんどセックスレスの私と、現役の彼女との差は歴然としていたのです。

昔からスタイルのよかった彼女ですが、ジムに通っているだけあって、年のわりには引き締まっていて、艶々《つやつや》と張りがありました。いまだに夫婦生活が定期的にあるというのもうなずけました。

私はと言えば、胸やお尻の大きさでは負けていませんが、年齢とともに体中についた脂肪は醜く、まるで空気の抜けかかったゴムまりみたいです。

だから、夜になって混浴に誘われたときも辞退したのです。仲のよさを見せつけられるうえに、彼女の引き立て役にされるのはごめんだと思いました。

部屋に残され、あてがわれた洋室のベッドに一人さびしくもぐりこみました。ところが、なんだかそわそわしてしまい、なかなか眠りにつけなかったのです。目に焼きついてしまった京香の裸体に、彼が絡みつく場面などを想像してしまうのでした。

いまごろ二人は、混浴で羽目をはずしているかもしれないわ、そんなことを考えていると、久しぶりに股間がウズウズしてきてしまったのです。

夫との最後のセックスは、もう二年も前だったと思います。

恐るおそる浴衣のすき間に手を突っ込んで陰部をまさぐってみると、くすぐったいような心地よさに手を止めることができなくなりました。

ヌルつきはじめたクリトリスをまさぐっていると、とうとう我慢できなくなって、疼いた裂け目に指を突っ込んでいました。

ああ、違う、欲しいのはこんなんじゃない！　もっと、えぐられるような刺激が欲しい！　と指の細さに、いちだんと欲求不満が募《つの》りました。

布団の中に頭をもぐらせ、悶々《もんもん》としながら指を動かしているとき、玄関のドアが開く音がしました。二人が戻ってきたのです。

別に、悪いことをしていたわけでもないのにドキッとして、とっさに寝たふりをしました。私の寝る洋室と彼女たちが寝る和室とを仕切る扉は、ぴっちりと閉じてありました。

私に気を遣ってか、ささやき合うように会話する二人の声が聞こえてきました。

「なんで、さっき急に抜いちゃったの？　もう入れてやらないぞ」

「いやぁん、だって、隣にいたおじさんがだんだん近寄ってきたんだもの」

会話からして、やっぱり二人は混浴で一戦交えてきたようでした。

「京香はドスケベなんだから、見られたっていいじゃん。むしろ興奮するかもよ？」

やがて、その会話が途絶えはじめ、「ア、アァン」「ムッフ〜ン」と、喘ぎ声のようなものが聞こえてきたので、思わず耳をそばだててしまいました。

夜になれば、そういう場面に出くわすということは、わかり切っていたことです。

それがわかっていたからこそ、妙に気分が昂《たかぶ》って寝つけなかったのだと思います。人がセックスするときの生の声を聞くのは初めてだったので、興奮しました。衣擦れの音に交じって、チュパ、プチュと皮膚や唇が触れ合うときのような音も聞こえてきました。

その音を聞きながら、ショーツの中の指を再び動かしていました。

「ウフン、イヤン、そこ、そこがイイの。感じちゃう、アアン、好き、好き」

そんな京香の声が聞こえてくると、アレコレ想像してしまい、同時に自分の体もほてりを増してきました。強い刺激が欲しくなり、片手で陰部をまさぐりながら、もう片方の手で、乳房をぎゅうっともんでいました。

そのとき、思いがけず、扉がノックされたのです。

名前を呼ばれ、「寝ちゃった？」と声をかけられて、飛び起きました。

「え!? あ、いえ、ううん……うとうとしていたわ。どうしたの？」

寝ていたような素振りで答えると、引き戸がそっと開いて、すき間から京香が顔をのぞかせて言いました。

「あの、ちょっと来てほしいんだけど」

お取り込み中だったはずなのに、いったいどうしたのかしらと思いながら、今度は私のほうから扉のすき間をのぞきました。

そこに見た彼女の姿に、思わず息を呑みました。

こちらを向いて立っていた京香は、はだけた浴衣から乳房をはみ出させたまま、背後から挿入されていたのです。

「ウフン、恥ずかしいんだけど、彼がね、あなたに、見てほしいんですって」

相変わらず、年下男のワガママに逆らえないようでした。けれど、無理をしているふうでもなく、恥ずかしそうにしながらも、彼が腰を動かすたびに、いやらしい喘ぎ声をあげていました。

化粧の剝がれ落ちた顔をゆがませながら悶えている姿には、昔のマドンナの面影はありませんでした。洗い髪を振り乱して、露《あらわ》になった乳房を揺する姿は、いつもご主人の横で微笑んでいるエプロン姿の彼女からは想像もつきません。

けれど、そんな姿を見せつけられるほど、そこまで彼女を狂わせるなんて、いったいどれほど気持ちのよいセックスなのかしらと興味を引かれました。

彼の手が、揺れている乳房をもみはじめていました。形のよい乳房が、彼の手でグニュ！と潰されていました。

「フン、フゥ〜ン！　アッハ、ン、感じるぅ、もっとして、強くしてぇ」

乱暴にされているように見えるのに、彼女はそんなふうにされるほど、ますます昂った喘ぎ声を洩らしはじめました。

驚きと好奇心に声も出せず、その場に座り込んでいました。

じっと見ていると、オナニーで疼いたままの陰部が湿ってきていました。人のセックスを見て濡れてしまう自分を恥じてうつむくと、彼が話しかけてきました。

「あなたに見られたら、どんどん中がきつくなってきましたよ。もっと見てあげて」

顔を上げると、彼が京香の肩越しに、視線を送りつづけてきていることに気づきました。京香の体に挿入しながら、私の反応を見て愉しんでいるようでした。

「もっと近くで見てください。京香さんはそのほうが悦ぶんだから」

腰を振り立てながら手招きする彼に吸い寄せられるように、二人の傍までにじり寄っていきました。

京香のためというよりも、私自身が見たくてウズウズしていたのです。

彼女の体に埋め込まれているペニスの正体を見てみたくなったのです。彼の腰の動きが速くなると、彼女はのどをそらしてうめき、太ももをふるわせはじめました。

やがて、立っていられなくなったようで、がくん！と膝をついて四つん這いになると、丸いお尻を高く突き出して、彼の股間に押しつけていました。

「見えますか？　ほら、京香のオマ○コが、ぼくのを呑み込んでいくんですよ！」

そう言われて結合部分に顔を寄せてみると、二人の性器がはっきりと見えました。赤黒い裂け目に、ペニスがずっぽり埋まっていました。血管を浮き上がらせているペニスの幹の部分しか見えませんでしたが、私の手首くらいの太さがあるように見えて、びっくりしました。

思わず見とれていると、ふいに腕をつかまれました。

「え？」と驚いて見上げたその一瞬に、彼にキスをされていました。

京香の穴に挿入しながら、私の唇に吸いついてきたのです。そうとも知らずに、彼女は布団に顔を突っ伏して悶《もだ》えていました。

やめて、と振り切ることもできたのに、ねじ込まれてきた舌に自分の舌を絡ませて、べろべろと互いの口の中を舐め合っていました。

久しぶりに味わった男の感触に、ゾクゾクと身震いするほど感じてしまいました。血が昇って、顔が真っ赤になっているのが自分でもわかりました。陰部からエッチな液がドロッと流れ出してきました。

燻《くすぶ》っていた欲求が、一気に燃え上がってしまったのです。

唇を吸い合っていると、浴衣の合わせ目から彼の手が入ってきました。陰部をまさぐられたのです。

「アン、だめよ、待って……」

彼女に気づかれぬように、声を押し殺してささやいたそのとき、京香の喘ぎ声が一段大きくなりました。

「すごい、すごく硬くなってきたわぁ！　アア、刺さってくるぅ！　イク、イク～！」

私とキスをしていた彼のモノが、彼女の中でふくらみを増したようです。ピクピクと震えている彼女の白い背中を眺めながら、その目を盗んで陰部をまさぐってくる彼の指の感触を愉しんでいる自分がいました。

友人を裏切っている後ろめたさはありましたが、そう思えば思うほど興奮してしまうのです。彼女の陰部がヒクつくのを見ながら、自分の陰部もヒクつかせていました。

彼の指が、びしょ濡れになっている裂け目に侵入してきました。濡れ具合を確認した彼は、一瞬驚いたような表情を浮かべました。

昇りつめた京香がぐったりと体を倒すと、彼は急いで私の穴から指を引き抜きました。彼女の背中に自分の体を重ねて、何かをささやいたのです。

すると彼女が、「フフ、しょうがないわね、まったく」とつぶやきながら、私のほうを振り向きました。

そうして、とんでもないことを言い出したのです。

「彼、あなたのお尻で顔を跨《また》いでほしいんですって。やってあげてくれる？」

彼女は、まさか、私たちがこっそりとキスを交わしているとも知らず、自分の男をおすそ分けするかのような、余裕の口ぶりで言いました。

濡れ具合を確かめて私の反応を知った彼は、堂々と許可を得たのでした。

自分の彼女にそんなことをねだるなんて、どこまで甘えじょうずなんだろうと感心したほどです。

「そんなことをしたら、京香はイヤな気持ちにならないの？」

すでに裏切っておいて、白々しいとも思いましたが、念のために聞いてみました。

「ウフ、やけちゃうけど、彼は大きいお尻が好きなの。あなたみたいなね」

挿入された姿を見せてしまったことで、彼女の感覚も、だいぶズレているようでした。彼女にとっては、彼が愉しんでくれることが、なにより最優先なのです。

そんな遊びができるのも、不倫という割り切った関係ならではのことなのでしょう。

「私なんてただのおデブよ。ウフ、恥ずかしいけど、いいわ。京香のお願いなら」

照れ隠しにそう言いましたが、卑下《ひげ》していた自分の体型をほめられたことがうれしくて、有頂天になっていました。

彼が、うれしそうな顔をして、京香の体からペニスを引き抜きました。

ズルッ！　と出てきたそれを見て、またしても目が釘づけになりました。京香の細い体によくも納まっていたと思うほど巨大だったのです。大きければいいというものではないけれど、かっちりと張り出したカリ首がとてもエッチな形をしていたのです。

「彼の、すごいでしょう？　ウフ。私これが大好きで、離れられないのよ」

京香は得意げに言って、あおむけに寝た彼の股の間に割って入ると、大事そうに手のひらでくるんで、しゃぶりついていました。

早く来てと彼に催促されて、浴衣のすそをまくり上げました。下着を着けたまま顔の上を跨ごうとすると、ショーツを引きずりおろされました。

京香の唇に呑み込まれていくペニスを見つめながら腰を落としました。直後、敏感な裂け目に、彼の鼻がめり込んできて、生温かい舌でクリトリスを舐められました。

気持ちよさに、思わず声をあげて腰を振っていました。

腰を振れば振るほど激しく舐められました。京香も、私の反応が気になるようで、こちらを見つめながらフェラをしていました。彼女がどんなにがんばっても、ペニスは半分くらいしか口の中に入らず、余った幹の部分を指先でこすっていました。

ああ、この極太ペニス、私も味わってみたい！　そんな思いに突き動かされて、前屈みになり、彼女の口元に顔を寄せていました。

「京香ったら、ほんとうにおいしそうに舐めるのね。私にもお手伝いさせて」

私を巻き込んでしまった手前、イヤとも言えなかったのでしょう。「じゃ少しだけ」

とうなずきました。

舌を伸ばし、彼女の唇から奪い取る勢いで、ペニスにしゃぶりついていました。

唾液まみれの亀頭の上で、私の舌と京香の舌が絡み合いました。

頬をこすりつけ合うようにしてペニスを奪い合っていると、彼が叫びました。

「京香、こっちに来て！　エッチなおっぱい、舐めさせてよ」

呼ばれた彼女がペニスを口から吐き出した瞬間に、私も体を反転させて、京香のいたポジションを奪いました。彼が私に与えてくれたチャンスだったのです。

彼は、彼女の体をがっちりと抱き寄せて、ぶら下がった乳房に吸いついていました。

「ハンッ、どうしたの？　今日はやけに甘えん坊ね。アン、おっぱい感じるぅ！」

彼におおいかぶさって乳房を突き出している彼女の背中を見つめながら、ペニスの上に跨《また》がりました。彼女に気づかれぬように、腰を沈めてペニスを迎え入れようとしましたが、入り口近くで止まってしまいました。まさかこの年で、ペニスをキツく感じるとは思ってもみませんでした。

その太さに一瞬たじろぎましたが、迷っていたら彼女に見つかってしまいます。

えい！　と一気に腰を落としました。

陰部が激しく痙攣しました。全身を切り裂かれるような、強烈な刺激が走ったのです。

「アウッ……ンン！」

叫びそうになるのを懸命にこらえていました。

京香がどうしても彼のペニスから離れられなくなっている理由がわかりました。

唇を噛んで声を押し殺しながら、あっという間に昇りつめていました。

無邪気なマドンナは、まさか自分の引き立て役の不細工な女に、男を寝取られるとは思ってもみないようでした。

あとでわかったことですが、彼は、私とそうなることをもくろんで、温泉旅行や、私の同伴をねだったのだそうです。結局、私も京香と同じように、いつの間にか彼にリードされてしまっていました。夫のことも友人のことも裏切っている私ですが、そのぶん、共犯者である彼との結びつきが、強くなってしまうのです。

嘘に嘘を重ねていく不倫は、そうやって、やめられなくなるのかもしれません。

いまも相変わらず、京香からアリバイ作りを頼まれていますが、その合間を縫って、彼と会うのが楽しみでしかたありません。

終電を逃し同僚と飲んだ勢いでホテルへ年上人妻ＯＬの熟れたアソコに中出しまで！

中野俊也　会社員・三十二歳

つい最近、テレビで不倫をして叩かれている芸能人を見て、バカだなぁと笑っていました。

奥さんだけで満足していればいいのに、なぜ危険を承知でよその女性に手を出すのかと。一度も不倫をした経験のない私には、理解できなかったのです。

しかし不倫なんて、ほんのちょっとしたきっかけで簡単にやってしまうものだと、身をもって知りました。

きっかけというのは残業です。私の会社は残業が多く、帰りが終電間際になることも珍しくはありません。

その日も、私は遅くまでオフィスで事務仕事をしていました。

ほかの社員は次々と帰宅するなかで、オフィスに残っていたのは、私ともう一人の女性だけでした。

　やや離れたデスクで同じようにパソコンに向かっていたのは千夏《ちなつ》さんです。彼女は私よりも一回り年上の四十五歳。入社当時から頼れる先輩として、ずいぶんお世話になってきた女性です。

　ふだんはハキハキとした性格で、明るい顔しか見せない彼女も、さすがに疲れた表情をしていました。

「やだ、もうこんな時間。これじゃ終電に間に合わないかも」

　彼女の声でようやく私も気づきました。すでに時計は十一時を過ぎていたのです。

　私たちはお互いに顔を見合わせ、人けのないオフィスでため息をつきました。

　どんなに急いでも終電に間に合わないのは、とっくにわかっています。しかも私も彼女も既婚者なので、家族が帰りを待っているはずでした。ゆっくりしている余裕もありません。

「どうします。タクシー呼びますか」

　私の呼びかけに、彼女は吹っ切ったようにこう答えました。

「こうなったらどこかの店に行って、パーッと二人で朝まで飲んじゃおうよ。どうせ明日は休みなんだし、始発で帰ればいいって」

そういえば今日は金曜日でした。明日が休みならば、朝帰りをしても問題はないでしょう。

それに一日ぐらいは仕事や家族のことも忘れ、思いきり飲むのもいいかと思い、彼女の誘いに乗りました。

こうして私たちは朝までやっている店を探し、そこで始発までの時間を潰すことにしました。

実は彼女と二人きりで飲むのは初めてで、仕事以外でのプライベートなつきあいもありません。知っているのは既婚者であることと、まじめに仕事に取り組む人であることぐらいです。

しばらくすると、彼女に対して妙なことを意識するようになりました。

たとえば意外と胸も大きいんだなぁとか、年上なのに若くて美人に見えるんだなぁとか、ふだんは考えないことばかりです。しかも酔っているせいか、やけに彼女の表情が色っぽく見えました。

「ねぇ。中野《なかの》くんってさぁ、不倫したいって思ったことある」

不意に彼女が、そんなことを聞いてきました。

「いやぁ、ないですよ。だって家内がいるのに不倫なんてバカらしいじゃないですか」

「ふーん、そうなんだ。私はあるけどなぁ」

「えっ、そうなんですか？」

「うちの人って私よりも年上だから、あっちがだいぶ弱ってるの。セックスなんてもう半年以上していないのよねぇ」

と、今度は意味ありげな視線で私を見つめてきます。「私と寝たい」、そんなメッセージがこもっている目つきでした。

もしかして最初からそのつもりで私を誘ったのでは……そう思うと、急激にムラムラしたものが沸いてきたのです。

そのあとは、店を出て二人でホテルのある通りへ向かっていました。

歩きながら、自然と私たちは手をつないでいました。まだ寒い夜だったのに、やけに彼女の手が熱く感じられました。

ホテルの部屋に入ると、まず先に抱きついてきたのは彼女です。

「ふふっ。まさか、こんなことになっちゃうなんて。さっきまで二人で疲れた顔で残業してたのにね」

そう笑いながら、唇を重ねてきました。

ねっとりと舌を絡め合うディープキスです。少しお酒の匂いがしますが、それよりも彼女の積極的な舌づかいに興奮しました。

私はここぞとばかり、舌を絡めながら片手で腰を抱き、もう片方の手でお尻をなでていました。

彼女のお尻は胸以上にボリュームがあります。スカートの上からでもむっちりとした感触が伝わってきました。

「いやらしい。職場でそんなことしたらセクハラだからね」

「そっちが先にキスをしてきたんですよ。お互い様じゃないですか」

「あはは、そうね。じゃあ、もっと大胆にしちゃおうかな」

と、両手を私の頭に回し、さらにきつく唇を押しつけてきます。

私は彼女がこんな大胆な女性だとは知りませんでした。多少は酔っているからでしょうが、ふだん見せる明るくさっぱりした顔とは別人のようでした。

立ったままキスを続けていた私たちは、そのまま倒れ込むようにベッドに横になりました。

「言っとくけど私、もう四十代のオバサンだから。体にはあんまり期待しないでね」

そう言うと、彼女は着ている服を脱ぎはじめました。

いつものスーツ姿から、シャツとスカートを脱ぎ、下着姿になっていきます。

見た限り、さほどスタイルが悪いようには思えません。やや太めのやわらかそうな体つきをしていて、むしろ私好みです。

背中に手を回してブラジャーをはずすと、ふくよかな胸がこぼれ落ちてきました。

「おっぱい、ちょっと垂れちゃってるでしょ。ガッカリした？」

「そんなことないですよ。スタイルいいじゃないですか」

若いころはもっと張りもあってきれいだったのにと、彼女は残念そうに言いました。

しかし四十代のいまでも、十分に魅力的な胸をしています。特に大きめのぷっくりとがった乳首には、思わずむしゃぶりつきたくなってきます。

私は彼女の胸に顔を埋《うず》め、乳首を口に含みました。

「あんっ」

舌先で軽く舐めてやると、鼻にかかった甘い声が聞こえてきました。

彼女の体はかなり刺激に敏感なようです。声を出すだけでなく、乳首もすぐに硬くなってきました。

もみしだいている反対側の胸は、手のひらに吸いつくようなやわらかさです。私の妻の胸に比べるとたっぷりとしたボリュームで、もみごたえがありました。

そうやって私が胸を愛撫していると、彼女の手がモゾモゾと私の股間をまさぐりはじめました。

「あっ、すごい。こんなに硬くなるんだ」

勃起した股間を確かめながら、私にズボンを脱ぐようせかしてきました。

それほど見たいのならと、その場で下着まですべて脱いでやりました。いつもよりも硬くなったものを、目の前に近づけてやります。

「やだ、ちょっとすごいすごい。えーっ、なにこれ。おっきい」

それほど自慢できるサイズでもないのに、こちらが期待していた以上に喜んでくれました。

気をよくした私のペニスを右手で持ちながら、彼女は舌を伸ばしてきました。

「んふっ、おいしい」

亀頭に舌を這わせてから、私に向かって微笑みかけてきます。

さらには口を開いてすっぽりと呑み込んでくれました。ぬめった舌に絡みつかれ、温かさと快感が込み上げてきました。

そもそも私の妻はフェラチオがあまり得意ではありません。頼んでようやくやってくれる程度で、それもほんのわずかな時間だけです。

それに比べれば、彼女のおしゃぶりは本格的でサービスも満点でした。

まず舌がこれでもかとペロペロしゃぶりついてきます。ペニスの裏側に舌をこすりつけ、そのまま根元まで何度も往復してくれました。

おまけに口の中はたっぷり唾液が溢れていて、呑み込むとペニスもいっしょに吸い込まれてゆくようです。

私はうっとりとしながら、彼女のフェラチオを味わっていました。まるでベテランの風俗嬢に奉仕をしてもらっているような気分です。

すると彼女はいったん唇を離し、上目づかいでこう言いました。

「ああ……なんだか咥えてると私までムラムラしてきちゃった」

髪をかき上げて、ぺろりと舌で唇を舐めています。ゾクゾクするほど色っぽい仕草でした。

ひと休みのあとは、さらに熱のこもったフェラチオがはじまりました。

さっきまでは手加減していたとばかり、ジュポジュポと音を立てて激しく首を動かしてきます。ペニスをのど奥まで咥えながらの吸い上げも強烈でした。

さらに彼女の手が、逃げられないように私の腰をつかんでいます。

「ンッ、ンンッ……ンンッ！」

息苦しそうに聞こえる声も、彼女はむしろ悦んでいるように感じました。よっぽどフェラチオが好きでなければ、こんな色気のある表情はできません。

「千夏さん、ストップ。これ以上はヤバいですから」

あまりの刺激に我慢できなくなり、あわててそう言いました。

するとようやく彼女も口の動きを止めてくれ、私もホッとしました。このままでは
こらえきれずに口の中で爆発してしまうところでした。

彼女はペニスを吐き出すと、ニンマリしながら私を見上げてきます。

「イキそうになっちゃった？ 我慢しないで出してもいいんだよ」

と、なおもペニスに舌を這わせて私を誘惑するのです。

「そういうわけにもいかないですよ。まだこれからが本番なのに」

「ふふっ、私を抱くまでとっておくつもりなんだ。じゃあ、すぐにさせてあげる」

私が早くセックスをしたがっているのを、彼女もわかっているようでした。

最後に残っていた下着に彼女が手をかけます。脱いでしまうと、裏返った布地にシ
ミが広がっているのが見えました。

「やだ、こんなに濡れてる。久しぶりだから私もだいぶ興奮してるかも」

彼女は私から隠すように股間に指を押し当て、自分の濡れっぷりに驚いていました。

「ちょっと待って。ティッシュでふき取るから」

「そのままでいいですよ。どれだけ濡れてるか見せてくださいよ」

私はそう言って、彼女の足をつかんで開かせようとしました。

しかし、せっかく広げても、彼女は股間に手で蓋《ふた》をして隠してしまうのです。

「だってシャワーも浴びてないのよ。あそこの毛も処理してないし、あんまり見られたくないの」

そう言われると、よけいに見たくなります。それに年上なのに初々しく恥ずかしがる姿にもそそられました。

私の強引なお願いで、とうとう彼女も折れて蓋をしていた手を離してくれました。

目に入ってきたのは、股間に広がる濃い陰毛と、大きなビラビラの割れたびしょ濡れの性器です。ムワッとくるなまなましい匂いもしました。

「もう、恥ずかしい。そんなに見ないで」

なんて言いながら、体を小さくよじっています。

「いまさら何言ってるんですか。ほら、こんなに濡れてるのに」

私はビラビラを指で開いて、あそこの中に指を差し込んでやりました。

「あっ……んんっ」

軽く二、三度抜き差しをすると、指には透明な愛液がべっとりとこびりついていました。あそこの内側がキュッ、キュッと指を締めつけてきます。

「恥ずかしいなんて言って、さっきから感じまくってるじゃないですか」

「だって、そんなに奥まで入れてくるんだもの……あっ、ああんっ、そこ……ダメッ」

さらに指を動かしつづけると、彼女はいやらしく腰をくねらせています。

ぬめった膣が指に吸いついてくるのがたまらなく淫らです。締まりも彼女より若い妻と比べても劣らないし、ますます入れるのが楽しみになってきます。

「はぁっ、ああっ……ねぇ、もういいでしょ。早く抱いてよ」

とうとう彼女からも、おねだりの言葉が出てきました。

しかし私はあえて、指を抜かずに出し入れを続けました。もっと彼女のよがる姿を見てみたかったからです。

「ああっ！　ダメ、もう……お願いだからぁ。なんで入れてくれないのぉ」

だんだん彼女の声も切羽詰まったものになり、潤《うる》んだ目で私を見つめてきます。

「そんなにこれが欲しいんですか？」

「欲しいのぉ。なんでも言うこと聞くから、早くしてぇ」

ふだんは明るくハキハキした女性に、こびた声でセックスをせがまれるのは最高の気分でした。

そろそろいいだろうと、私は指を抜いてペニスを股間にあてがいました。

「生のままでいいんですね」

私が聞くと、彼女は「いいの、そのまま来てぇ」と拒《こば》みませんでした。

それならばと安心してペニスを突き立ててやります。

ぬるっと膣口をくぐり抜けると、一気に膣奥まで到達しました。

「はぁんっ……！」

その瞬間、彼女はひときわ甲高い声をあげ、私の体にしがみついてきました。

コンドームを使っていないので、密着した膣の具合がよくわかります。熱くてやわらかくて、締まりも悪くはありません。

しかしあせって腰を動かしたりはしません。まずはじっくり彼女の反応を見てみるつもりで、グリグリとペニスを奥にこすりつけてやりました。

「あっ、ああっ、そこ……」

「ここが感じるんですか」

喘ぎながら彼女がうなずきます。

それを見て、私はいったん腰を引いてから、強くペニスを押し込みました。

「ひっ……！」

悲鳴をあげた彼女は、すぐさま私の腕をつかんで腰をうねらせています。どうやら優しくされるよりも、激しいセックスが好みのようです。

それがわかってしまえばもう遠慮はいりません。今度はさらに勢いをつけて、体ごと彼女にぶつけてやりました。

「あぁーっ、すごいっ！　こんなの初めて……」

私はなまめかしい声を聞きながら、彼女の淫乱ぶりに目を丸くしていました。

私の妻も多少は乱れることがあっても、ここまで声は出しません。まるで我を忘れてしまっているような喘ぎっぷりです。

これだけ反応がよければ、私も気分よく抱いてやることができます。ふだんは淡白に腰を振るだけですが、ねちっこく責めてやりたくなりました。

「ほら、どうです？　こうするともっと感じるでしょう」

「んっ、いいっ、もっと強く奥まで入れてぇ！」

すっかり出来上がっている彼女に、私は少し意地悪をしてわざとペニスを抜こうとしました。

「ダメぇ、抜かないで！　お願い……」

すると彼女は取り乱しながら、必死になってせがんできました。

もう私は彼女のすべてに夢中でした。やわらかな抱き心地といい、心からセックスを楽しんでいる姿といい、最高の相手です。

私は仕事の疲れや家庭のことも忘れ、ひたすら彼女とのセックスに没頭しました。

「ああ、もうイキそうです」

ところがせっかく盛り上がっていたのに、射精が近づいてきました。

生で挿入しているだけに、できるなら最後はこのまま出してやりたい気分です。不倫で膣内射精など許されない行為ですが、完全に理性が消し飛んでいました。

ただ彼女の意思だけは確かめておこうと、腰を止めて「出してもいいですか」と尋ねました。

「うん、いいよ。あなたの好きなようにして」

「いいんですね。ほんとうに中で出しますよ」

すると彼女から、私の腰に足を絡みつけて抜かせないようにしたのです。

もう私にためらいはなくなりました。限界まで達していた快感に押され、とうとう中出しをしてやったのです。

「ううっ！」

ぬかるんだ穴の奥で、生温かい精液が広がっています。

たまらない気持ちよさと充実感に包まれながら、私は彼女の体に重なったままでいました。しばらく抱き合いながらディープキスをして時間を過ごします。

彼女はさっきまでの乱れっぷりが落ち着き、どこか照れくさそうにしていました。

「ふふっ、久しぶりだから燃えちゃった。中野くんってベッドでは別人みたいになるのね」

「千夏さんこそ、ふだんのイメージと全然違いましたよ。あんなに喘ぎ声出しておねだりするなんて」

「やだ、言わないで。恥ずかしい。会社で思い出しちゃうじゃない」

なんだかカップルでイチャイチャするような、そんな雰囲気でした。

結局、ホテルを出たのは始発の時刻がとっくに過ぎてからでした。始発まで時間を潰すつもりが、ホテルの延長料金を払ってまで楽しみつづけました。

帰宅してまずやったのは、シャワーを浴びて匂いを消すことです。不倫を妻に気づかれるのだけは、絶対に避けなければなりません。

幸いなことに私がいくら残業をして帰っても、妻はとっくに慣れっこだったので、不倫を疑われるどころかまるで無関心でした。

彼女とはあれからもこっそりと関係を続けています。一度知ってしまった不倫の味は、とても忘れられるものではありません。

仕事中も彼女は意味ありげに目配せをしてきたり、さりげなく私に近づいて親密さをアピールしています。

しかし、こういうところから社内不倫はバレるということも、私はよく知っています。世間を騒がせた芸能人のように離婚に追い込まれないように気をつけるつもりです。

バイト先のオーナー夫婦とスワッピング！パートナーの眼前で交わる悦びはこの上なく

柳田理沙　アルバイト・四十七歳

チェーン店のカフェに押されて、街の普通のカフェはなかなか儲からないところが多いみたいですが、私が働いているカフェは駅前商店街の奥にあって、地元のおなじみさんが多く、こんな時代でもなんとか経営が成り立っています。

それを支えているのは、オーナーのご夫婦の関根《せきね》さんの人柄です。ご主人が脱サラして十五年前にカフェを開店して、夫婦で仲よく切り盛りしているのですが、気さくな人たちで、私は友だちのような感じで働かせてもらってます。

店内はいつもアットホームな雰囲気で、常連のお客さんとの会話もはずむし、ほんとうに絵にかいたような街のカフェなのです。

私は子どももいなくて昼間はヒマです。サラリーマンの夫の収入だけでは将来が不安なので、半年前からバイトしているのですが、毎日のように仕事してランチもそこで食べるので、関根さんたちがなんだか親戚みたいな感じになってます。主人も、楽しそうに働いてる私を見て、すごく満足していました。家計も前より安定してきたし、いい店を見つけたなあと思っていました。

だから、いま、こんなふうになっているのが、すごく信じられません。人間は裏がある生き物だと思います。といっても、イヤなわけではありません。いまではすっかり私も主人も、別の意味の楽しみを見つけたのです。

関根さん夫婦は二人とも最近五十歳になったばかりで、私たち夫婦より少しだけ年上です。そんなこともあって、カフェが夜八時に閉店したあともいっしょにご飯を食べたりします。あまった食材で作る簡単な料理ですが、奥さんが器用なので、とてもおいしいのです。そのうち、うちの夫も呼んで四人で夕食会をするようになり、お酒も飲むようになって、閉店後は二組の夫婦で飲み会するのが習慣になってきました。

夫はあまり人づきあいのいいほうではないのですが、関根さんたちはすごく社交的で話じょうずなので、ついつい巻き込まれてしまい、そのうち自分からすすんで夜はカフェに来るようになりました。

そういう思いがけない展開を私も楽しんでいたのですが、そのうち、ちょっと雰囲気が変わってきました。思い返せば、関根さんたちは、最初からそうなるように仕向けていたのだと思います。

気がついたら、私が関根さんの御主人と、夫が奥さんと、二人並んで座ることが多くなっていました。しかも、お酒が入っていることもあり、スキンシップも増えてきました。なんかへんな感じだなと正直ドキドキするようになっていました。夫が目の前にいることが、かえって興奮剤になったみたいです。

そんな夫も、奥さんがなにげなく夫の膝に手をのせると、その手に自分の手を重ねたりしています。ほんとうならムッとするところですが、あまりにも和気あいあいとしているので、どうでもいいかって気持ちになっていました。

ほんとうのことを言うと、私は関根さんの御主人がちょっとタイプでした。頭は半分くらい白いのですが、それが渋くて、いかにもカフェのマスターという感じです。奥さんがうらやしいと思うこともありました。

そんな奥さんも、五十路とはいえ、とてもきれいな人です。しっとりした日本美人という雰囲気で、よく見るとすごくグラマーで、胸なんか私よりも大きいと思います。夫にしてみたら、絶対に好みのタイプのはずです。閉店後のカフェに来るのも、きっと奥さんがいるからだろうと思っていました。

でも、そのあとあんな展開になるなんて、もちろん想像もしていませんでした。

最初のきっかけは、奥さんのひと言でした。

「二人は仲がいいから、きっと夜のほうも充実してるんでしょうね」

いきなりの下ネタにびっくりしましたが、そこは大人の対応をしなければと思って、正直に、まあまあですなどと答えてしまったのです。ほんとうは、最近少しご無沙汰なのですが、夫も笑っていました。するとそれをきっかけに、一気に夜の夫婦生活の話になってしまいました。

関根さんたちは、もちろんいまも現役で週に三回か四回くらいはするそうです。でも、恋愛時代が長かったこともあって、数年前からマンネリになってきたとか。

「刺激がほしくて、アブノーマルなこともやってみたけど、いまひとつね」

ご主人の言う「アブノーマルなこと」って何なのか気になったけど、恥ずかしくて聞けませんでした。

でも確かに私たちも、どこかマンネリな感じはありました。夫がサラリーマンしていると、どうしても夜にベッドの上でしかしないし、そうなると、始め方も内容もいつも同じパターンです。私はなんとなく物足りなさを感じていたし、何か刺激がほしいころかもしれませんね、なんて話を合わせていました。

そしたら、関根さんが、とんでもないことを言い出したのです。

「お二人は、スワッピングってわかりますよね」

「え？」

思わず夫と顔を見合わせました。

「あの、夫婦交換てやつですよね」

夫がおずおずと尋ねると、関根さんは優しく笑いました。

「そう、それです。もしお二人がイヤじゃなかったら、試してみませんか？」

正直に言いますが、私はそのとき心の中で「やりたい！」と叫んでいました。夫が見てる前で関根さんに抱かれる自分を想像して、あそこがうずいたほどです。そっと夫を見ると、まんざらでもない顔をしています。

「でも経験ないから、どんなふうにすればいいのか」

夫は口ではそう言いましたが、じつは興味津々なのがわかりました。

「やることは同じですよ、ふつうにセックスするだけです。ただ、相手が違うだけで」

ご主人がさりげなく答えると、奥さんもうなずきました。

「しかも自分の配偶者がすぐ目の前にいるから、すごく興奮するんじゃないかしら」

奥さんの目がいやらしく光っていました。やだ、こんな欲望があったんだ。ちょっとびっくりしてしまいました。

「お前、どうなんだ」

夫に訊かれて、私はちょっと困りました。すごくやってみたい、でも、そんな感情を露骨に出すのも恥ずかしい。すると、となりにいたご主人が私の肩を引き寄せて耳元でささやいたのです。

「大丈夫ですよ、ぼくたちくらいの年齢になると、みんなやってることなんだから」

ほんとうかしら、みんなやってるのかな。そう思いながらも、結局私たち、カフェの奥にあるスタッフルームで、初めてのスワッピングをしたのです。もちろんシャッターを閉めてしまえば人が入ってくることもありません。まさか、夜のカフェでそんなことが行われてるなんて、だれも想像もしなかったはずです。

私はご主人に抱きすくめられ、耳から頬から唇にキスされました。主人以外の男性とキスするは何十年ぶりです。それだけで体が熱くなってエッチな気分になりました。しかも、両手で二つの乳房をもんできます。すごく積極的なご主人に思わず腰が引けそうになったのですが、ふと気がつくと、向かい合った席では、奥さんが夫の股間に顔を埋《うず》めて、ファスナーをおろし、ペニスを引っぱり出すところでした。

それはもう上を向いて直立してました。最近、私とはそんなふうにならないのに。奥さんの手がそれをまさぐり、それから口に含むと、夫は、おっというような声をあげました。

やだ、よその奥さんが夫のペニスをしゃぶってる、そう思うと、不思議なことに嫉《しっ》妬《と》心や怒りではなく、自分の体が一気にほてってくるのがわかりました。それを見透かしたようにご主人がささやきました。

「見てごらん、ぼくのワイフがあなたの旦那さんのち○ぽをしゃぶってるよ」

「ああ、やだ、言わないでください」

「ぼくたちも楽しまなきゃね」

シャツを一気にたくし上げられ、ブラをはずされました。Dカップのおっぱいがこぼれ落ちたのを下からすくい上げるようにして、ご主人が両方の乳首を舐めてきます。なんか、夫の舌と違って、吸いつくような、いやらしい感じです。夫以外の男性にそんなことされてるなんて、すごく興奮してしまい、つい大きな声をあげてしまいました。夫が、ギラギラした目で私を見ていました。それって、嫉妬してるときの目線でした。なによ、あなただって、奥さんにおフェラされてるくせにと思うと、ますますエッチな声が出てしまいました。

「奥さん、敏感だね。乳首がもうピンピンに勃起してるよ」

すると奥さんもうれしそうな声で言いました。

「旦那さんのモノもビンビンよ。ちょっとおしゃぶりしただけなのに、もう先端からいやらしいオツユ垂らしてるわよ。これ、味見するね」

いつもの奥さんとは別人みたいに、夫のペニスをしゃぶり上げ、舌先を先端の穴に差し込んで味わってます。夫は、それが好きなんです。先走り汁を舐められて情けない声をあげています。奥さんの舌づかいはすごくエッチです。指で根元をしごき上げながら、舌で亀頭をしゃぶり、穴のところをペロペロしてます。

夫は、たったいままで私のことを嫉妬の目線で見ていたのに、急に情けない声をあげてのけぞりました。

「あなた、感じてるの？　奥さんのおフェラ、そんなに気持ちいいの？」

「ああ、さ、最高だよ、なんかこのまま出そうだよ」

やだ、なんか、くやしい。そう思っていると、ご主人が言いました。

「ほら、奥さんもいっぱい感じて」

ご主人は私の乳首を味わいながらスカートに手を入れてきました。私はそのまま、一気にパンティを脱がされたのです。

「奥さんのここ、見たかったんだ。いつも想像してたんだよ」

ご主人にされるがままに、私はM字開脚しました。やだ、恥ずかしい。丸見えになっちゃうと思ったけど、アソコがジンジンしびれてくるのがわかりました。ご主人はアソコをのぞきこみ、指でいじってきました。

「ほお、これが奥さんのおま○こか。毛が薄くて割れ目が丸見えになってる。しかも、大きなクリトリスが飛び出してるよ。もしかして、旦那さんに責められすぎて肥大したんじゃないの？」

やだ、ご主人、すごいこと言ってる。びっくりしたけど、なんだかますます興奮してしまいました。そうなんです、私のクリトリス、興奮するとすごく大きくふくらんでしまって、割れ目からはみ出るんです。すごく淫乱な女みたいで恥ずかしいけど、夫にもよく言われるんです。

「い、言わないでください」

「いやいや、こういうの、ぼく、大好きなんだよ」

ご主人はその大きなクリをいじくり回し、そして舐めはじめました。

「あん、だめ、弱いんです、それされたら、すごく濡れちゃう」

「いいんだよ、いっぱい垂らしていいよ。椅子にシミができるくらい垂らしてごらん。全部舐めとってあげるから」

「やだ、あなた、奥さんのオツユ、そんなにおいしいの？　ご主人の我慢汁も、すごく濃厚な味がしておいしいの」

この二人、どうしたんだろう、こんなに淫乱なご夫婦だったんだ。私はすごくびっくりしたけど、それ以上に自分もどんどんタガがはずれていくのがわかりました。

「奥さん、本気になってきたね。ぼくの顔にグイグイおま○こ押しつけてるよ」

「お前、そんなに感じてるのか。おれの前でクンニされて、そんなに気持ちいいか」

夫が私に向かって言いました。怒ってるというよりも、楽しんでる声でした。

「気持ちいいの、ご主人の舌が敏感なクリちゃんをいじめてるの。あなたも気持ちいいんでしょ？　奥さんのおフェラでおち○ぽビンビンにしてるじゃないの」

「そうよ、すごく立派なおち○ぽ。ねえ、私、我慢できなくなってきちゃった。ご主人のもの、入れさせてもらうわね」

奥さんはそう言いながらスカートをまくってパンティを脱ぐと、夫の下半身に跨《また》がって、ペニスをあそこに当てがいました。

「お、見てごらん。奥さん、いよいよファックするみたいだよ」

ご主人はそう言ってクンニを中断しました。そして二人で、夫と奥さんの様子に見入ってしまいました。

「見て、奥さん。あなたのご主人のおち○ぽ入れるわね。いいでしょ？」

「は、はい」

なんか急に嫉妬の感情が沸き上がってきました。でも、このタイミングでイヤとも言えず、じっと見てるしかありません。夫のペニスが奥さんのアソコにもぐりこんだ瞬間、奥さんが「あああん」という切ない声をあげました。さらにグッと腰を沈めたので、夫のペニスはすっかり中に収まってしまいました。

「すごい硬いのね、なんかズンて突き上げてくる感じ」

「奥さんのアソコ、すごく窮屈です、グイグイ締めてくる」

「ほんと？　もっと締めてあげる。ほら、どう？」

奥さんがアソコに力を入れているのか、夫は「わあああ」なんて情けない声をあげています。最近、私とのセックスでは出したことのない声です。なんだかムラムラしてきました。怒りや嫉妬ではない、なんだか不思議な気分でした。

「奥さん、どうかな？　目の前で旦那さんが、ぼくのワイフとファックしてるんだよ。奥さんも欲しくなったんじゃないの？」

「はい、ほ、ほんとうは、欲しくなってます。さっきまではほんとうにするのかなあって思ってたけど、いまは、ご主人のペニスが欲しくなってます」

とうとう正直に言いました。

「そうだろう。そうこなくちゃ」

ご主人はうれしそうにニヤリと笑うと、ズボンとパンツをおろしました。ビックリしました。いきり勃《た》った赤黒いペニスがビュンと飛び出してきました。それはいかにも使い込んでる感じで、しかもカリが大きくて獰猛《どうもう》な感じでした。

「ほら、旦那さん以外の男のち〇ぽだよ。味わってごらん」

目の前で仁王立ちになったご主人のそれをつかんで口に含みました。なんか夫のとは全然違います。口の中がいっぱいになって息するのも苦しいくらいです。根元を握って口に出し入れすると、もっと大きくなってきました。

「いいね、奥さん、うまいよ。舌の動かし方がワイフよりじょうずだ」

ご主人にそう言われてなんだかうれしくなって、一所懸命に舌を動かしました。

「やだ、やけるわね。奥さん、そんなにおしゃぶりじょうずなの?」

「ああ、すごいよ。いつもはまじめで働き者の奥さんが、こんなエロいフェラチオするなんて興奮ものだよ」

「ご主人のおち〇ぽもすごいの。あなたのよりもカリがしっかりしてて、それがおま〇この内側でぐって来るの、たまんないわあ」

この夫婦、なんかすごい。お互いに卑猥なこと言いながら煽ってます。それ聞いて、私もどんどん舞い上がってしまいました。

「あなた、気持ちいいの？　奥さんのアソコ、どうなの？」

思わずそう尋ねると、夫はうめき声をあげました。

「すごいよ、締めつけてくるんだよ、入り口がすごく窮屈でちぎられそうだよ」

すると奥さんはうれしそうにお尻を揺さぶりました。

「あら、うれしいこと言ってくれるのね。ほら、こうやっておち◯ぽ激しく刺激しちゃおうかな。ああ、カリがこすれるううう」

二人の腰の動きを見ていたら、私も我慢できなくなってきました。

「お願いです、ご主人のもの、入れてください」

「お、いいね。奥さんのほうからそんなこと言われるなんてうれしいな。いいのかい？

ご主人が見てる前でファックされても」

「いいんです。ご主人の立派なペニスが欲しいんです。夫の前で入れてください」

「じゃあ、ちゃんと他人棒でファックしてくださいってお願いしてごらん」

「ああ、お願いします、他人棒で私のおま◯こ犯してください。夫の前で、思いきりファックしてください」

そう言って私は、椅子の上で後ろ向きになり、お尻を突き出しました。

「ほお、奥さんはバックが好きなの？」

「はい、うしろからファックされたいんです」

「いいね、おま◯こもアナルも丸見えだ。ほら、いいね。入れるよ」

ご主人の太くて硬いものが、ギュウっと押し入ってきました。下ツキだから、その角度に弱いんです。いきなり奥のいちばんいいところを突かれて、思わず悲鳴をあげてしまいました。そしたらご主人、お尻を両手でつかんで、大きなペニスで奥のところを狙ってズンズンするんです。

「奥さん、すごくいい締めつけだ。出し入れするたびにギュンギュン窮屈になる」

「恥ずかしいです、だって、ご主人のペニスがすごく大きいから」

すると、夫が上擦った声で言いました。

「お前、そんなにいいのか？　おれの目の前でおれ以外の男のモノで犯されて、そんないやらしい声を出すんだな」

「あなただって、奥さんのアソコにハメて感じまくってるじゃない。いつもはそんな声出さないのに、今日はすごく声出してるよ」

「お前こそ、自分からケツ振ってるぞ」

お互いに激しく言い合っていたのですが、でも、それがかえって興奮剤になっていました。言えば言うほど、すごくエロくなるのです。

「いいね、二人ともスワッピングを楽しんでるね」

ご主人に笑いながらそう言われて、確かに、こんなに気持ちいいセックスは久しぶりだと気づきました。こんな楽しみ方があったなんて知りませんでした。

「ねえ、ご主人、今度は前から入れて」

奥さんが椅子の上でM字開脚しました。夫は奥さんにおおいかぶさると、前から挿入しました。いやらしくピストンしてる夫のお尻の動きを見ながら、私も思わず自分のお尻を激しく振りまくってしまいました。

「おお、いいね、奥さんのお尻の動き」

「勝手に動いちゃうんです。バックからされると、すごく感じてしまって。私、いやらしいですか？　はしたない女ですよね？」

「そんなことないよ、感じてる女はきれいだよ」

「そうよ、もっといっぱい感じていいのよ」

奥さんもさっきより大きな声をあげています。

「私もすごく気持ちいい、あなたのご主人のおち○ぽで奥のほうを突かれて、オツユ垂らしてるの。すごくいやらしい女になってるの。こんなにいいの初めて。ねえ、奥さんも私の主人のおち○ぽ楽しんで。いっぱい気持ちよくなって！」

「奥さん、ち○ぽを入れたり出したりするたびにアナルがヒクヒク動いてるよ」

「言わないでください。そんなところも見られてるんですね」

「見てるだけじゃないよ、ほら」

ご主人の指がお尻の穴をいじってきました。指先で溢れた愛液をすくって、そこにぬりこむようにするので、指先が少しずつめりこんでくるのです。アソコとアナルの両方を責められて頭がおかしくなりそうです。

「ああ、だめ、入れないでっ」

でも指はヌルリと入ってきて中を刺激してきます。そんなことされたの何年ぶりだろう。両方の穴がジンジンして、全身がしびれるみたいでした。

「奥さん、アナルでも感じてる。淫乱だなあ」

「いや、言わないで。お尻されたらヘンになっちゃう」

すると奥さんが、

「あなたのご主人もお尻が好きみたいね。ほら」

見ると、前から挿入されて夫の腰に両足をからめてる奥さんが、夫のお尻の割れ目を刺激しています。よく見ると、指先が確実にアナルをとらえて、小刻みに動いているのです。すごくいやらしい。夫は、すごく感じてる声を出しています。

「夫婦そろってアナルでも感じるんだ。いやらしいな。これからが楽しみだ。ねえ、奥さん、これからもスワッピングを楽しもうよ。前の穴もうしろの穴もたっぷり責めてあげるからさ」

「はい、されたいです。これ、病みつきになりそう」

私がそう言うと、夫のほうもうめきながら言いました。

「奥さんのテクニック、すごいです。これからもよろしくお願いします」

よろしくお願いしますなんて言い方に、思わず笑いそうになりました。

でも、もうそれどころではありません。アソコに入ってるおち○ぽとアナルに入ってる指の動きがうまくミックスされて、私はもうイキそうでした。奥さんのほうも上擦った声を出してます。

「ね、私、もうイキそう。ご主人、いっしょにイッてよ。いっぱい出して」

するとご主人が背後からガンガン突きながら言いました。

「よし、こっちもイこう、四人で同時にイクんだよ、奥さん」

「は、はい、私、いつでもイケます。あああ、もっと激しく突いて」

四人とも切羽詰まった声を出して、動きが速くなりました。そして最初に奥さんがひときわ大きな声で「イクイクイクッ」と叫びました。夫がグイッと引き抜いて、奥さんの顔や胸に激しく発射するのが見えました。ああ、すごい、いつもはあんなに勢いよく飛ばないのに。そう思ってると、ご主人が叫びました。

「こっちもイクよ」

その声を聞きながら、私は全身をガクガクふるわせて達してしまいました。そして熱くほてったお尻に、ご主人の精液がビュッビュッと叩きつけられるのを感じました。

なんか、信じられませんでした。いつも仕事しているお店のスタッフルームで、お尻に精液を浴びている自分がとても不思議でした。しかも、目の前では夫が奥さんの体に射精したあと、仲よさそうにキスしています。その様子を眺めていたら、私もご主人にキスされました。ウットリするようなキスでした。

「ぼくたち、もう赤の他人じゃないね」

「そうよ、これからも、お店が終わったあと、ここで楽しみましょうね」

二人にそう言われて、夫も私も素直にうなずいてしまいました。そしてその夜以来、私たち二組の夫婦は、閉店後のカフェで秘密のスワッピングパーティを開いているのです。もちろん、昼間の仕事にもますます身が入るようになった私です。

◉読者投稿手記募集中！

素人投稿編集部では、読者の皆様、特に女性の方々からの手記を常時募集しております。真実の体験に基づいたものであれば長短は問いませんが、最近のSEX事情を反映した内容のものなら特に大歓迎、あなたのナマナマしい体験をどしどし送って下さい。

●採用分に関しましては、当社規定の謝礼を差し上げます（但し、採否にかかわらず原稿の返却はいたしませんので、控え等をお取り下さい）。

●原稿には、必ず御連絡先・年齢・職業（具体的に）をお書き添え下さい。

〈送付先〉
〒101-8405
東京都千代田区神田三崎町 2 − 18 −11
マドンナ社
「素人投稿」編集部　宛

◉新人作品**大募集**◉

マドンナメイト編集部では、意欲あふれる新人作品を常時募集しております。採用された作品は、本人通知のうえ当文庫より出版されることになります。

【応募要項】未発表作品に限る。四〇〇字詰原稿用紙換算で三〇〇枚以上四〇〇枚以内。必ず梗概をお書き添えのうえ、名前・住所・電話番号を明記してお送り下さい。なお、採否にかかわらず原稿は返却いたしません。また、電話でのお問い合せはご遠慮下さい。

【送付先】〒一〇一‐八四〇五 東京都千代田区神田三崎町二‐一八‐一一 マドンナ社編集部 新人作品募集係

素人告白スペシャル《しろうとこくはくすぺしゃる》 熟妻の不倫懺悔録《じゅくづまのふりんざんげろく》

編者◉素人投稿編集部【しろうととうこうへんしゅうぶ】

発行◉マドンナ社

発売◉二見書房

東京都千代田区神田三崎町二‐一八‐一一

電話 〇三‐三五一五‐二三一一（代表）

郵便振替 〇〇一七〇‐四‐二六三九

印刷◉株式会社堀内印刷所 製本◉株式会社村上製本所 落丁・乱丁本はお取替えいたします。定価は、カバーに表示してあります。

ISBN978-4-576-20053-8 ◉Printed in Japan ◉©マドンナ社

マドンナメイトが楽しめる！ マドンナ社**電子出版**（インターネット）……https://madonna.futami.co.jp/

Madonna Mate